韓振方 著

人生智庫 塵海微語

第五六冊 合訂本

中華民國丙戌年 國父誕辰於東海蓬萊仙島——台灣

祠堂家祖不忘拜

一、忠孝詩書傳家遠，
遠源炎黃血脈聯；
聯祭祠堂列祖宗，
宗親族群莫忘拜。

二、拜為開國黃帝訂，
訂要兒女切踐行；
行非祖先不家叩，
叩誠虔悔靈返天。

（特註：妄言天懲）

塵海微語聯句文

一、天地人生有志氣，氣發求知力創業；業建宏大得眾扶，扶成回饋利世塵。

二、塵海微語智慧廣，廣集嘉言啟心竅；竅開今生不枉度，度人拯己上瑤天。

三、天空銀河億千萬，萬星閃耀亮塵寰；寰宇眾生護地球，地球人類將大同。

四、同秉儒宗做正人，人失禮義誰尊敬；敬愛倫常維德行，行功立言本乎中。

五、中華民族容量大，大國泱泱濟弱風；風發五湖四海雄，雄促族教婚和平。

六、和平相處誠相協，協力科研技精路；路上蔓藤慢撥開，開懷笑忘佛迎天。

天覆大地—地育物人

一、天覆大地　地育物人
人道做好　好返先天
天下合統　統看中華
華人志雄　雄守王道

二、王道立國秉和平，
平等善待異民族；
族教婚嫁互協愛，
愛人如己是華人。

人生天地萬物靈

一、人生天地萬物靈，
靈高守道利福人；
人我互敬恥偷盜，
盜邪刑懲天不容。

二、容非科技網害人，
人立兩間守正氣；
氣發仁德慈悲心，
心懷博愛天下公。

目錄

自序

韓振方

一、此書名之為──塵海微語──似含有聖神佛道禪味，點明迷津，開悟靈性，超脫塵世之情懷。自揣鄙有何德何能？敢著是書，秉筆為言。溯拙昔曾置身於軍閥割據爭雄外患內亂及一、二次大戰，民族存亡，擲筆報國，戎馬疆場，奮役南北。甫卸征衣，勤耕現實，旋遁跡塵寰，玩筆桿難謂之內行。慨嘆當年抗日內戰沙場之友，戎幕同僚，黃埔窗情，長屬誼緣，塵世投契，親鄰鄉寅，相繼辭世凋謝。深感人生苦短，物變無常，榮枯得失，容或有異，白雲蒼狗，曇花一現。反觀塵世間之人類，彼此明爭暗鬥，貧富成敗，愛恨情仇，受屈窩心激蕩迴旋，輾轉反側，繞室徬徨，困坐愁城，抑鬱終朝，憂悶難解之心結，泥陷於深淵傷痛難拔漩渦之中。設若提供人生旅途之行人一言片語之開懷慰藉，以解其不解之苦煩，期以撥雲見日，重睹彩虹，點燃熊熊烈火，奮發再起之雄心壯志，展現潛能，不為困惑迷昧所苦之有力……一副清涼散，暖心丸，啟愚錠，定神劑，則稍堪頷首足慰矣！故懷以有限之知見與抱負，望有助益激發策勉溫馨於世人。情得——心不斷念於人我之間：路行——徑不絕途於之中庸恕道。本以做人、處世、創業、成家、潤德、修身、懷仁、仗義、怡心、養情、化性、益智，去惡從善而懷儒俠之仙風，養浩然之正氣之旨趣為著墨點。

無意故弄玄奇、標新立異以自炫。擁有此書，啟愚開悟，培德娛心，識透物情，開明智慧。雖不是格言，但甚於格言之涵味：雖不是詩詞，但有詩詞之味道。至於若為文句淺白俚俗或是隱寓稍深難解，因層次見解之不同，請揀出與自己所喜愛之話條抽理出來，玩味欣賞，印證事物哲理，必得一番會心莞爾之境趣，試試以為然乎？當以明之。由此可測知個人閱讀角度之自識潛力——因含有某種時代背景或專業話語——莫為深淺有所評斷矣。

二、本書採用之語句，有點咬文嚼字之味道，但全以一定之模式，開頭以人……人之無有及有無且主宰萬物之人以聯字聯句計十八條值得品味——在第壹冊——獨創之語法外，之後餘冊將古今中外賢達英豪聖哲之處世名言以及神學家、宗教家、哲學家、史地、生物與各方社會心理學家、教育家等之勵語慧識，融會於儒、釋、道各家之心言，予以貫聯，且以不同之角度衡量人生之正反面，精煉結集，樸實無華之文語，既難謂詩，尤非是詞，洵為一種前無古人曾用之章法，看有耳目一新實又拘泥形式之感，句末轉折反敘，畫龍點睛，別具一格，語體淺白文言參用，雅俗皆可供賞，得謂啟迪智慧，觸發人生思維之南針，為塵海中碌碌人們之悵惘心，點燃閃亮之一盞導航明燈。

三、本書每一條則，皆本獨立性，蓄含有正反合，起承轉合之語意——少數例外。若數則前後貫通去領悟，尤可瞭解該事物之連環性、或不關聯性，但均可會意其所含之內涵矣！例舉：

1. 論孝論心，且當論跡；論跡自古知孝子——子報親恩。
2. 論法論跡，但莫論心；論心自古難完人——人心豈究。
3. 不可鬥氣，當要爭氣；豈能使氣有志氣——氣發創業。
4. 武人學詩，能平心驕；文人習劍可除怯——怯難為雄。
5. 風月有情，容我先醉；江山無語看人忙——忙裏偷閒。
6. 名利欲念，填滿心坎；情義忘掉難人類——類有善惡。
7. 智愚貧富，貴賤賢佞；人類永遠難求同——同難進步。
8. 罪於德人，德人不罪；罪於佞人多是非——非人難德。
9. 不是閒人，怎能閒得；閒人豈是等閒人——人雄本仁。
10. 塵海途中，浮沉百味；人生道上徑有別——別分苦樂。
11. 心無物慾，乾坤平靜；書擁斗室堪謂仙——仙皆修道。
12. 昨日掌故，寫完入史；今天節目尚待明——明後始演。

13. 天高不鬥，地厚莫訟；和諧起點為息爭──爭強反弱。
14. 仇怨如虎，恨忌猶獅；傷害自己勝毀人──人本德恕。
15. 仰首夜空，默數寒星；轔轔戰馬憶征塵──塵不再揚。
16. 策馬湖山，縱橫疆場；踏遍塵海路八千──千紅萬紫。

在萬千條中，僅只提供以上十六則作為說明，當可探究語中之文涵。在每則前面之十五個字，分別各自成一語系。若適當增減，可為聯話──並非全是如此。如第5.則去掉──容。第9.則除掉──能。第15.則拿掉──默。第16.則抹掉──橫。其各則分別可讀為：

5. 風月有情我先醉；15. 仰首夜空數寒星；
江山無語看人忙。轔轔戰馬憶征塵。
9. 不是閒人怎閒得；16. 策馬湖山縱疆場；
閒人豈是等閒人。踏遍塵海路八千。

上面四則在破折號下之四個字：

5.忙裏偷閒。　15.塵不再揚。

9.人雄本愛。　16.千紅萬紫。

單讀固可，但本於正反合及起承轉合之句情，皆總合前意以圓融其語氣，不致有所偏頗離解之惑，讀者高明，何待贅言，自會領悟其內涵之所在。閱讀本書可勘破世態，透視物情，看破塵寰，善惡正邪底蘊，以轉化人性品格及性質，改變觀念，重估人生價值，不會再鑽入牛角尖，走向極端。語含敦厚，以溶化和融人性之美德，進而昂揚鬥志與情操，貢獻於社會人群。蓋國之文語，博美精宏，雍容優美，並非外文所能及之也。文詞巧用，復得一倒證。

四、由農業邁入工業而至太空時代，時間就是金錢，塵海中人們少有空閒讀看那些——之乎者也——深奧難懂之辭藻與夫長篇大論虛華之文白著作。本書句句落實，語語貼切，簡明扼要，令人看讀雖難如小說般之痛快和暢順——因其：「鱗羽霰落似雲飛，瑞雪紛飄處難猜，無論東北西南雨，悉皆塵海人文情。」但望看時心宜沉靜，玩味，悟徹，始明語中究竟。在每句段之十九個字，皆為世人之經驗恪痕累積以及閱讀體悟所涉及層面之心得，包涵萬象。絕非——連字遊戲——實乃運心力工字斟句酌之結晶。奈因著者學涵孤陋，為本乎益世勵人廣識之旨，凡可供世人怡情養性，翰墨潤懷，人文山水勝景，格致誠正修齊治平之話頭，做人之道，感世哲言，用世心語，待人接物，識人處世，友誼正邪，禍福成敗，得失榮辱，善惡迷悟人生，權術機謀，統御兵略，致德修業，保健常識，趣味諧語，生死認知，史跡典故，守宙浩空，天地陰陽，五行相生，性命福慧護修，聖賢仙佛之道，天道循環等等無不羅致潤飾，一則之得，誠非易事，看人挑擔、生孩怎難乎哉？

五、本書內容涵蓋廣泛，難為其詳細分類，概以——塵海微語——之點滴匯累成書，閱時自予領悟其意情以心屬之即可。絕不因未予分類而貶損其價值與涵意。事實上很難釐清其別屬，祇有請讀者心燈點明以判之——因拙閱讀時序以定先後——與之所至隨筆記之也。在千萬條中設苦重句乃校對之咎祈予恕諒可乎？五教聖人謂：至上之道，無分別執著心——就是天心——聖心——佛心——道心——慧心——但非人心斯謂之也，何必強予割分？

六、本書先出版第一至十冊，如未劃上人生休止符前，將陸續發行之十一——二十以至……等冊。惜乎智語，能量層次受制於學涵潛力之發揮與闡揚，恐難滿足飽學者之清覽，則非著者所悉矣。採用此種體裁與模式，甚望能獲得共鳴於世人？本乎野人獻曝之旨，難計工拙美醜也！肅請高明賢達不吝斧正是幸焉。

七、筆者附帶說明於讀者之前，本書之所以概採如此格調，緣以友誼窗情，魚雁往返，論於事物，因長篇大論之書札，不勝冗長之煩，用此簡扼話語，頗獲其贊同肯定，咸認為具有新穎創意，故而則引起興趣，始為之廣泛蒐集語慧，誘發心智，粗雅皆揀，文化於白，白化於雅，通俗為尚，本以｜「靈感來時午夜起，哲理悟得將筷停，報刊書中含禪味，躍身疾筆條句留。」增肥減肥，得看意境，張三李四，恕難其名，潤悟文情，伸縮詞句，多為生活體驗，印證人物，看讀誌情，中外古今語彙之化得，是為此書之寫實耳。蓋以天地之大，宇宙之闊，塵海賢俗之聖言，人類語慧之粹華，甚難羅網參透矣！惟盡其棉薄之微力，作為開啟迷惘點滴之參考，藉以洞明世事，開拓心扉，貫通靈竅，不為俗務糾纏困惑，未悉以為然乎？諒不見責於拙之班門弄斧云爾。設讀者看了本書之後，能化悲情為樂觀，化苦悶為歡喜，轉化人生理念，蛻變生活習性，成為人心開悟導航指針，一卷在手悠遊林山，享受人生，洞明世事探究真偽心遨太空。進而若能：（堪謂：養性修身立世銘）養天地浩然之正氣，法古今無缺之完人，守宇宙運轉之常經，行聖賢忠恕之大道，涵日月太虛之襟懷，立萬世不朽之德業，倡族教通婚之和平，完世界永久之大同，樹人群楷模之規範，揚孔孟做人之天良，立千秋景仰之勳功，著人類必讀之好書，研科技益世之發明，揚中華固有之文化，仁慈愛貧病之眾生，禮行人我間之應對，義協除害群之惡徒，廉取理該得之本份，恥無難是人之品格，鄙不知悔改之邪友，練身心健康之體魄，享桃花源中之淨土，契天人合一之靈性。同時當懷：

大其心容天下之物，平其心論天下之事，虛其心究天下之學，潛其心明天下之理，定其心應天下之變，仁其心愛天下之人，博其心懷天下之情，誠其心交天下之友，廣其心恕天下之仇，寬其心收天下之才，慈其心憫天下之命，志其心立天下之言，恆其心讀天下之書，悟其心宣天下之道，美其心施天下之善，寂其心去天下之情，禪其心忘天下之紛，德其心存天人之性，亡其心靈回天之歸。此為做人德量要求之胸襟氣度與養身修性目標，當是著者衷心之所禱也。該立意似乎太過理想化，凡人就是凡人，欲使凡人化作不凡，豈是一朝一夕所能成之，無非抱著一點期待願供勉之而已。若世人之心本乎諒人恕人惠人愛人益世謙讓厚人薄己之美德，消失報復暴戾仇怨憎恨於無形，人人本乎仁德道義相處以誠，則社會祥和，爾敬我愛，禮儀之邦重現於中華，五千年來悠久歷史文化將弘揚於地球村內，族教通婚，而世界大同何能遠乎哉？香格里拉之田園人間樂土，可呈現眼前——阿們——阿彌陀佛。感謝天恩靈佑中華民族完成人類永久和平之願望樂見促早實現。

最後敬言特強調忠告者——（此地球上之人類科技文明遠比太空中其他星球科技文明要落後千百萬倍——燃燈古佛——宇宙大演正在儒宗聖教，奉旨著作大道叢書內載——在蓬萊桃園八德鄉——無極大道院）——人類時代進入科技文明，航天遨遊——銀河星空——地球變小，互動頻繁，易被物牽。利用電網炫惑害人害己、盜竊騙搶，失去理性，湮沒良知。但人永遠是人——懂得做人處世立業——萬不可受炫幻迷惑，為其役使。掌控事物，成敗非人，一切由己，并超越自我，彼此互協尊重，立於天地，創造貢獻福祉美化人生，發揮仁慈愛心，關懷世人，欲復人性體味世情，靜看此書，品嚐猶菜根譚味道乃人生智庫也。塵海微語——如封面冊數約二十冊——每冊合計二〇九八條。（每二冊合訂為一本——此冊本如封面）其每本具以松、竹、梅、蘭、福、祿、壽、禧、財及「神」之詩畫於「十個合訂本」之冊面上作為封頁。而心縱如此想，然「人生戲場，何時歇鑼?!」以臻於「十全十美」，酬報答天下讀者。是否如願償？待壽逾期頤矣！在此祝望人人看到「神冊」合訂本，進而能認知「萬象非有，唯善不空」，處世互為協利，做人應本乎天良「行善」與「忘我」入於虛靈—神—之佛國淨土，亦是著者夢寐虔禱共勵共勉共成之也。阿彌陀佛—阿門—祈蒼天，護佑，善哉。

東海山人於蓬萊仙島—撰於台灣

韓振方 著

人生智庫 塵海微語

第五冊

中華民國丙戌年 國父誕辰於東海蓬萊仙島——台灣

●古人致學，終身苦研；自計不足月有餘——餘必以恆。

○曰對瑣事，人情往來；力有集中在一點——點破皆明。

●懂得生活，了解人生；艱難歲月心體驗——驗後始悟。

○音節音符，穿過心房；彈送琴聲美樂章——章法潤情。

●仰天而唾，逆風揚塵；咒罵譭謗人不受——受拒收回。

○巧妙牢固，天下無雙；讚歎精計趙州橋——橋設隋朝。

●思慮千秋，常昧一時；名利古今難脫解——解須自解。

○不妨試作，視覺矇住；聽覺感官特別敏——敏因專一。

●別人以為，彈琴手軟；其實不然硬如鐵——鐵始有力。

○一切屬他，則名為苦；一切屬己心安樂——樂為人想。

●天地生人，皆有安排；人求生存各得法——法適環境。

○中華民族，精神象徵；萬里長城是標杆——杆是王道。

●東漢末年，名醫華陀；鎮痛行血麻醉人──人開羽刀。
○生活之中，如不如意；心平氣和視考驗──驗人修持。
●積愛成福，積怨成禍；人處世上心本慈──慈悲為懷。
○講把聽者，帶入意境；全神貫注長河瀉──瀉出資料。
●聖智胸懷，寬闊能忍；不與世爭得萬物──物皆為用。
○洋溢氣氛，羅曼蒂克；教我如何不想他──他劉半農。
●兄弟鬩牆，骨肉相殘；建成元吉玄武門──門下搏權。
○人最智慧，性常邪惡；心當本善勿害世──世人難容。
●德人君子，不探人私；佞人小人求人諱──諱知人忌。
○知不失言，尤不失人；寧可失言不失人──人得勝言。
●舊情昔友，幾漸凋盡；頑童心赤不服老──老當身壯。
○渾身枯瘦，胳縶輸器；鼻插飼管喉痰筒──筒痛衛黃。

●座止掌聲，場聞落針；不慌不忙半農出——出惜老頭。

○深恩負盡，愛重成仇；宿怨積憤待溶化——化無遺憾。

●該擔時擔，須順時順；悲智情懷創事業——業含俠情。

○上天德大，父母恩大；君子量大小氣大——大哉乾坤。

●昌明國學，融化新知；取西精華汰糟粕——粕無科精。

○負笈異域，思鄉心切；半農譜詞代表她——她是祖國。

●如何不想，可否共茶；原來老叟何再想——想多失望。

○世上之事，為不可為；為以力赴否在我——我心不愧。

●午夜夢回，縈心之事；不是捧唱為柔待——待以力盡。

○不眠夜長，疲倦路長；授不得法迷惑長——長苦心靈。

●人在塵世，追求新知；永難卒業是學生——生求無涯。

○一生當中，無負良心；奉獻社會益世人——人莫害眾。

●人有死黨，利難掩弊；鬧時調侃怨揭底——底明德涵。

○烽火硝煙，巔沛流離；征戰歲月苦難年——年非常年。

●館藏圖書，好好善用；意想不到人生路——路走光明。

○抗日軍撤，廬山孤兒；美籍布朗設院留——留育養教。

●人病誰憐，不懂保健；身有隱疾難明醫——醫先自醫。

○地球人口，最大容量；百肆拾億專家言——言在未來。

●偎乾就濕，咽苦吐甘；哺乳養育父母恩——恩似昊天。

○為文在求，言簡意賅；做事當要劍履及——及刻踐行。

●有位軍醫，天良未泯；記下少奇病苦情——情在開封。

○脊髓損傷，身臥難起；背體棟樑鐵鈣質——質常補充。

●從天地中，發現真理；自眾人裏尋智慧——慧心天賦。

○錢沒用完，留下給誰；錢用完了人未死——死活受罪。

●治世之聖，當重孔老；征戰之神為孫子——子皆世尊。

○歐將組成，聯邦體制；法德核心忘世仇——仇不報仇。

●身臥床上，坐在輪椅；背肉臂部褥臀瘡——瘡淤難福。

○百萬人中，固可稱雄；難超太座昧良知——知當為勝。

●質勝文野，文勝質雅；物豐是質書是文——文得物雄。

○黑貓白貓，捉耗好貓；鳥籠經濟難飛出——出場自由。

●孔子人語，老子道語；孫子戰語韓法語——語傳千秋。

○歐戰結束，五十週年；巴黎慶祝凱旋門——門列原車。

●身有點痛，怕去活動；痛難自癒動好快——快因血活。

○執著興趣，離鄉背井；縱走天涯心何悔——悔難為人。

●丸在盤中，橫斜圓直；如何跳動難逃外——外非無盤。

○金城銀行，陰森恐怖；開封名城千古怨——怨為衛黃。

●三重殘鐵，育聾啞人；長夜徘徊是海倫——倫為殘光。

○人生是首，變奏曲調；複雜心情難理清——清淨自明。

●容易容易，不容何易；困難困難困則難——難無困難。

○深明哲理，心情閒樂；何用浮榮繫此身——身不為愁。

●漢胡雜處，漢文胡武；棄武習文兩融合——合漢無胡。

○天龍八部，武俠名著；雲南大理將建宮——宮昭金庸。

●群峰高聳，萬木無聲；山深夜靜覽書讀——讀通古今。

○詞賦小道，武夫不為；然莫嗟嘆無人賞——賞得識貨。

●北極夏天，夜不落日；愛斯基摩格陵蘭——蘭島冰山。

○普魯貧苦，今雖富裕；度得樸淡不奢侈——侈多人窮。

●失權回籍，隱居韜晦；垂釣林泉袁皇帝——帝在彰德。

○死職無業，餓死火化；骨盆編號一二三——三酷少奇。

●生在塵世，貧困挫創；哀傷權利讓給人——人雄何餒。

○美化生命，何來苦澀；情趣生活難乏味——味自品嚐。

●世上之人，誰都會死；只要他能活就行——行不悖德。

○友情義士，讀古今書；經塵世苦享天樂——樂得佈施。

●信心堅強，振作積極；奮發心靈營養品——品由自覺。

○甜蜜語言，微笑代表；人之愛心勝美麗——麗人麗心。

●戰場哀鳴，陳屍溝壕；野狗毒蟲蒼蠅伍——伍於臭氣。

○喧嘩城市，寂靜村野；雋永逸聞韻事多——多掘玩味。

●世上一切，可靠力量；皆是緣於守本分——分外不得。

○自立自主，自強自醒；自創自寧自救人——人人自保。

●戲謔輕蔑，屈辱嘲諷；不屑心態正義淹——淹非正義。

○佛心看世，愛心待人；做個快樂批發商——商無代價。

●古老陋巷，蒼灰門牆；清寂庭院蕭瑟風——風非昔風。

○死得孤寂，一身冷衾；一坏黃土一寒月——月影彎斜。

●食前睡覺，醒時搓手；保持運動臥不軟——軟床換硬。

○慈悲看人，慈悲觀物；慈悲悲人慈悲心——心慈聖佛。

●滿州日憲，土屋監殺；抗日志士顯良心——心求和平。

○生命自苦，抑自悲憐；心抱開朗始免無——無限美景。

●一身鐵骨，滿懷正氣；權臣當朝難垂青——青白泣命。

○夕陽餘暉，一輪火球；光芒四射惜將落——落前當賞。

●心中懷著，沒有不愛；無不原諒世上人——人皆佛心。

○江湖道義，難謂道義；利害結合無則離——離合看情。

●心態仇視，階級敵人；文革食堂供人肉——肉為親友。

○回首前塵，往事留痕；多少辛酸苦樂情——情忘可仙。

●生未報達，死難執紼；死生親故負恩深——深情愧疚。

○親情之愛，永恆難變；兒女私情滄海移——移因境遷。

●溫仁寬厚，獎勉提攜；終身刻骨難忘情——情當反報。

○諸葛謀算，勝史策士；萬古雲霄一羽毛——毛不輕拂。

●船在海上，會失航道；人於世塵常誤行——行賴引導。

○該結束的，總會結束；應該來的定會來——來用權變。

●船在大海，載沉載浮；生在塵世何不然——然人智舵。

○情用明情，情知得情；情不表情情難情——情錯難情。

●平實懇至，睿智飛揚；稟賦不同得益異——異看人異。

○自在飛花，輕煙似夢；無邊絲雨細如愁——愁多難雄。

●海上燈塔，固定不移；塵世感情難用鎖——鎖非人心。

○人利用人，誰利用誰；人給誰用心知明——明暗互用。

●要風有風，呼雨來雨；風光顯赫曇花謝——謝前留德。

○吃人一口，報人一斗；做個情愛有義人——人本忠恕。

●莫問心結，是何原因；和合自有兩分明——明不暗猜。

○鳳翔曲江，俱皆往事；東海蓬萊托餘生——生惜晚霞。

●幼時啟蒙，負笈縣塾；轉讀鄉校復省中——中赴黃埔。

○獨步千古，萬物同行；道法自然離歸合——合融人天。

●蛇蝎美人，川島芳子；偽滿功臣中國奸——奸為曰用。

○風塵往事，歲月沉釀；史變滄桑難述完——完非完人。

●虔誠禱告，上帝溝通；佛前茇籤神明交——交換心靈。

○六里莊前，淮河邊頭；怒雨奔濤少壯懷——懷念昔情。

●轉戰中原，策馬洪山；白頭猶自在天涯——涯誰有涯。

○塵世萬般，歲月有限；奉獻一點沒白來——來益人類。

●坎坷旅途，體驗人生；風霜歲月歷練達——達符情性。

○心內疙瘩，苦不消除；自怨自艾無人憐——憐非自憐。

●桃花玉顏，千面客串；笑啼百態色誘人——人魂攫死。

○人類文明，物質富裕；精神生活極空虛——虛填宗教。

●歷史長河，時間洪流；興衰感嘆風雲雄——雄皆叱吒。

○三江五湖，四海英雄；偷雞摸狗集牢籠——籠中商策。

●乒乓鐵門，家家鐵窗；叢林大廈身牢籠——籠人非心。

○寶島蓬萊，仙佛聖地；宗教道場遍城鄉——鄉村禪堂。

●諜海詭譎，美舌笑媚；皮裏蛇心棉藏刀——刀斬上釣。

○月沉日昇，時光無情；暢笑野雁何苦飛——飛不被宰。

●玉琢西瓜，翠玉白菜；雨過天青色瓷器——器藏故宮。

○賭場舞場，鴇場戲場；龍蛇雜處宜遠離——離無是非。

●威勢喑嗚，山岳崩頹；風雲變色比詫雄——雄霸當代。

○不有過去，不存將來；心空自然然必仙——仙得淨空。

●雍容華貴，典雅神瓊；玄秘靈奇正義劍——劍斬邪惡。

○身佩長劍，口飲杯酒；英雄男兒方寸心——心懷正義。

●忙碌一生，難得靜安；看人坐禪心模仿——仿悟性明。

○自然法則，死生事一；力生避死生死憂——憂非道家。

●在世親友，個個遠別；人生無奈嘆苦短——短捨計較。

○苦成習慣，難以為苦；安之若素苦何來——來何認苦。

●鑄劍之術，典籍不載；今無劍客少名劍——劍法失傳。

○放浪形骸，嘯歌山林；身處文明難苟同——同非境界。

●為踐理想，鞠躬盡瘁；殺身成仁以求死——死為儒家。

○興利除弊，慷慨赴難；俠肝義膽何畏死——死為墨家。

●人心貪慾，好利惡懲；以國為上酷法死——死為法家。

○人未死前，多遠避諱；大限臨頭復畏懼——懼因何去。

●愛是付出，受人感動；抽象化為具體來——來表真情。

○艷陽普照，天藍如海；潮濕陰暗水常滴——滴情迴異。

●生活瑣碎，應酬交往；創業忙碌難偷閒——閒心不忙。

○人物鳥獸，花草蟲魚；栩栩如生捏麵人——人手巧工。

●持戒修行，佛謂涅盤；求師一指超生死——死修天道。

○童年夢醒，陡然長大；身置苦難心變異——異樣人生。

●語言示愛，固屬抽象；佛天慈悲化眾生——生皆得渡。

○一勾新月，一抹微雲；一欄花影肩春雨——雨過天青。

●兩極之間，是非真偽；做個和事公斷人——人正易解。

○生前浮名，死後喧譁；生死坦然何繫心——心無塵埃。

●浩瀚宇宙，無限時空；存在永恆任由人——人異決性。

○心靈上下，遊晃不定；看山依然還是山——山實意穩。

●如夢浮生，奄然物化；生前身後願不朽——朽非道人。

○明褒暗貶，銷聲匿跡；胡吹亂捧歌頌鄧——鄧因開放。

●世種福田，享受甜果；不論天堂求世樂——樂無遠謀。

○一碧澄潭，天光雲彩；悠遊徘徊心神樂——樂得自然。

●心腦之中，禪之意境；思悟不一各機鋒——鋒由悟性。

○時空幻夢，神遊太虛；宇宙氣化運未來——來看乾坤。

●劃牆為牢，原地囚禁；國家主席中南海——海葬少奇。

○嬉笑怒罵，周公之樂；鶯聲燕語龍戲鳳——鳳仙助蔡。

●無常惆悵，命運無知；有志不遂形神疏——疏難愉快。

○八仙過海，各顯神通；渾身解數盡搬出——出皆奇招。

●人之長處，要多借重；他之成功必有因——因應其法。

○聞臭為香，以香認臭；個人味覺各不同——同是靈類。

●萬里長天，萬里風情；高高日月自當空——空心自閒。

○綠水青山，光明燦爛；黃鸝白鷺雨朦朧——朧天難辨。

●人之生命，有價無價；要看運用以定值——值重無價。

○志又何必，澄清天下；發揮智力勿負生——生服人務。

●夕陽西下，今天落幕；旭月東昇待明天——天未可期。

○手捧荷花，包容觀賞；形神相親攜並舉——舉步蓮花。

●三春花月，清吟詠裏；蓋世功名濁酒中——中心無求。

○人間處處，開心眼笑；一任江河不住東——東流難返。

●生以服務，造福人類；力扛百斤勿千擔——擔逾身損。

○雄心人大，必生牢騷；失意怨天世難平——平淡抱凡。

●採菊東籬，飛揚拔扈；鬱勃豪縱各任性——性表人生。

○慈航法師，肉身坐化；金剛不壞彌勒院——院在汐止。

●白鷺飛舞，漠漠水田；黃鸝宛囀花苑叢——叢樹翱翔。

○大江東去，明鏡白髮；月落西山勢必然——然何傷情。

●只要是人，就有盲點；克服弱點不易敗——敗因人用。

○在在富庶，活逾辛苦；心靈空虛人浮噪——噪心難安。

●矛盾相處，化解困難；包容紛歧養人生——生涵觀償。

○置身人間，放開胸懷；綠水青山常相偎——偎得生趣。

●生命流注，宇宙萬物；迴映心靈超物外——外得性情。

○釋迦西方，基督天堂；天道理域自在心——心本淨性。

●病人心情，探視病人；病交醫生命上帝——帝心無奈。

○心雖然小，但容世物；人固體大難偉事——事多小為。

●花草有情，緣隨主人；傷魚得心怡神樂——樂以愛物。

○人能助人，功德無量；適時付出忘掉心——心不望報。

●親情至親，終要捨去；一朝永別再見難——難因殊途。

○髮白體衰，目昏耳聾；齒搖食困遍身痛——痛老人苦。

●錢財萬貫，死難帶去；慈善事業普施眾——眾益人福。

○慈悲得緣，瞋恨結怨；爭名奪利世難體——體明悟空。

●漢高功成，得靠三傑；事業創建德才學——學借人助。

○狼吞虎嚥，風掃殘雲；幾個飽嗝一摸腰——腰空難錢。

●生來必死，命本無常；天災人禍氣斷亡——亡未修苦。

○財色名食，世間人欲；心誘墮落爭難體——體非氣斷。

●生龜脫殼，蛇將去皮；萬箭穿心死臨苦——苦因未修。

○心能悟達，萬物皆空；借身修真為佛仙——仙皆人修。

●綿羊長壽，縱活百年；不若猛師雄一日—日有代價。

○仙女彩帶，空中飄舞；翩翩翱翔似雲飛—飛向藍天。

●模範難範，五好不好；妻監夫囚兒女散—散皆沒面。

○蟄伏竹泉，耕犁書田；畫寫胸懷草蟲鳥—鳥舞空闊。

●萬家澄靜，乾坤皆明；曉春紅彩躍眼簾—簾外藍天。

○大陸魚民，客居船上；偷渡人工住靜廬—廬難入廬。

●蛇有頭尾，互爭前後；頭讓尾先終掉坑—坑眼尾無。

○舞在中國，歌為人生；歌舞世界度塵寰—寰宇無爭。

●熱愛故土，常懷鄉梓；縱居異地念鄉情—情不外籍。

○徽宗觀雀，何足先捉；遼金躍馬逐中原—原敗究原。

●皇帝夢碎，後代星散；世凱嫡孫袁家騮—騮譽滿球。

○鎮可為父，甚難下樓；思前想後心坦然—然間急書。

●偶偕好友，山頭瞭望；雲樹蒼茫憶鄉愁——愁心自愁。

○長空萬里，野色風聲；明月滿山憑欄眺——眺望閒雲。

●合手一揖，交心神安；胸前劃十罪業消——消不再積。

○虛幻門中，情塵浮生；桃花流水無心空——空花水月。

●世上萬物，包括身體；使用權有難久佔——佔得惜用。

○東瀛寶島，民用不缺；添點祥和萬事諧——諧音普彈。

●昨為權峰，瞬作階囚；九霄墜入深淵底——底看佛海。

○九五山峰，夕陽反照；閣樓張望雲影悠——悠悠千古。

●塵世萬緣，曇現虛化；未了情今欲情了——了性物外。

○為憂國事，食不知飽；宋朝宰相王安石——石詩華美。

●世無仲尼，萬古長夜；台有證嚴放光明——明燈千秋。

○人在世間，塵俗纏身；看開解脫自性明——明皆放下。

●一朵白蓮，飛隻蝴蝶；悠然自得花上舞——舞出性理。

○窗外囂亂，群氓火拼；躲在書處最安全——全心為文。

●事不做完，心有所寄；閒得無聊神難安——安多吟讀。

○外人所稱，一個中國；完成統一後國家——家現分家。

●世上萬物，易尋替身；生老病死人難代——代表平等。

○驪山始皇，墓內兵俑；鳳翔秦公活人葬——葬內屍多。

●蘇聯革命，白俄貴族；淪為上海歌舞星——星因求活。

○三分手氣，七分運氣；遊戲雀戰似人生——生宜力鬥。

●觀察問題，不是表象；深入內涵具前瞻——瞻看遠景。

○約女看戲，男因事有；無人陪往女憤去——去因無信。

●星雲證嚴，蓬萊之光；皈一比丘心有榮——榮身何榮。

○帝王陵墓，陪葬人物；回教歿時白布裹——裹屍入泥。

●若水三千，只取一杓；一勺集著耿修業——業為報業。

○望族名媛，貴為一品；昨榮今賤不如狗——狗命誰保。

●以前言行，不能追回；尤難修改再來過——過今當心。

○年老歲月，常感無聊；縱想拋下心難閑——閑非有嗜。

●看不過去，斤斤難休；修禪明佛心爽朗——朗朗無恚。

○過去渺渺，未來難見；把握當今是現實——實現夢想。

●本出塵土，回歸大地；生來死去何驚擾——擾人自擾。

○年年好過，月月好過；無殼蝸牛日難過——過憶賃情。

●人本陌生，但是有緣；去時并座回同位——位前未約。

○一生戎馬，半世江湖；得失苦樂何繞心——心放無物。

●心痛病痛，不動就痛；身有隱痛去運動——動除痛痛。

○大痛小動，小痛大動；不痛時動動不痛——痛無要動。

●人想不活，身就懶動；活得痛快須勤動—動除病痛。

○青山綠水，楊柳垂岸；白帆點點儷雙雙—雙影投情。

●夫人揹磚，拔地堵牆；丈夫圈牢難眺望—望斷肝腸。

○客居天涯，同病相憐；相逢何必曾相識—識人得心。

●盪舟客情，望月人傷；世態萬變鴉噪陽—陽關餘暉。

○人生軌道，不能偏離；地球星球皆本轍—轍出宇危。

●故宮文物，製碟出展；五千年神遊眼福—福感科技。

○吐納肺腑，活動筋骨；十常四勿適時補—補身適時。

●奇松怪石，雲海險峰；曲水環流塵不染—染非山溝。

○紫金山影，湖上滄桑；柳色日綠荷風香—香遍玄武。

●獄中生涯，孰願去試；身痛酷暑人冷漠—漠然斜視。

○如何是佛，師答童問；童聽師言童豁悟—悟佛無無。

●池塘無水，烏龜求雁；雁飛龜語落粉身—身因不忍。

○蟬為樂章，營造生命；孕育土泥較陸長—長因傳宗。

●縮不放鬆，脹不收緊；器官失靈病得因—因痠麻痛。

○人性之善，人生之苦；人類希望孕育出—出因體悟。

●時局險危，竭志秉忠；心存正氣天地間—間難容貳。

○今幸活到，人生古稀；精神钁鑠較昔強—強迫鍛鍊。

●夏日過客，林間歌手；蟬聲沸揚蟬命短—短僅一週。

○蟬卵孵幼，幼蟲落土；土育蟬蛻蟲變蛹—蛹以為蟬。

●全盛時期，尖峰階段；事業高檔陸降底—底傷難忘。

○國家主席，兵摔倒地；腰間皮帶強拉走—走怕自殺。

●乾坤續命，興滅繼絕；中流柢柱作偉男—男不辱志。

○天上烏雲，孰去捉來；人間黑白難理清—清得自清。

●聖雄霸業，轉眼塵煙；江山無語千古淚——淚撒大地。

○萬籟寂默，月照窗前；翛然一枕抱雲眠——眠合天心。

●兩千年來，天落慧星；雨降太空如散花——花在情節。

○為善之人，猶庭春草；不見其長但日增——增以德蓄。

●雲疆怒族，族無文字；碧江撒縣族圖復——復縣難史。

○七夕浪漫，情人戀歌；月亮代表我的心——心牽奴手。

●人間看花，心靜聽曲；常伴青山讀詩書——書通古今。

○江畔詠吟，松澗聽瀑；高山流水得知音——音潤心田。

●位居福祿，官不福祿；家散身亡人分處——處各有成。

○世上窮人，較您為甚；心有慈悲轉移施——施人得福。

●今夕何夕，情人約會；玫瑰多刺節最愛——愛人心無。

○相如文君，倆約私奔；牛郎織女鵲橋會——會心牽情。

●中國農曆，沉星雨降；七月七日七夕情——情人節會。

○滿室皆書，散落角處；有書靜讀是清福——福得心淨。

●當年眾生，觀登月球；身多作古嘆世變——變難有常。

○愛因斯坦，心中有愛；沒有甜甜難生活——活因情人。

●家不富貴，心卻富貴；富貴閒人慶有餘——餘心有餘。

○徒擁族名，惜無族史；華夏漢族悠久遠——遠古文傳。

●男女婚姻，猶如城堡；在外想攻內欲出——出來圖進。

○阿姆斯壯，首踏月球；月球不老人皆老——老體非球。

●刀不殺人，是因無手；戰豈用彈但屈兵——兵危致命。

○在幸福中，想到辛苦；為憶辛苦珍幸福——福得惜福。

●家中有女，不能久留；留來留去留成仇——仇因未嫁。

○大漢民族，歷史悠久；文化優美講自由——由非人由。

●台灣不幸，淪為殖民；民在殖民變皇民──民皆奴民。

○琉球人民，皆來福建；人非其民曰殖民──民非曰民。

●人之年輕，祇有一次；死味未嚐終將嚐──嚐誰難免。

○江湖歲月，人情冷暖；塵世創傷烙心頭──頭何為昏。

●萬事萬物，皆本果因；無因難果果果因──因果循環。

○大學文憑，我國首位；北洋法律王寵惠──惠榮中華。

●殖民無奈，竟然有人；倡作皇民心忘本──本為金買。

○神設宗教，任選自由；惟回規嚴信難出──出非因死。

●竟將漢族，列在和後；甘心貳民作人奴──奴問難主。

○自古草莽，曇花一現；惟有詩文傳千秋──秋風不寒。

●精疲力盡，心力交瘁；適可而止最聰明──明白體應。

○機緣巧遇，固人幸運；偶然成功確難得──得必踏實。

●飯菜吐沫，口齒掉落；體虛不起爬舔食——食恨毛整。

○堂上雙親，兒不盡孝；遠廟拜佛有何功——功在敬養。

●唐山地搖，天光一閃；嚎爹呼娘震屋塌——塌死百萬。

○朝花夕拾，幼年樂土；魯迅故居百草園——園在安慶。

●人性人情，人道人德；獸性野蠻皆忘狂——狂妄非人。

○千個不對，萬種非是；雙親生我絕無錯——錯恩反報。

●菩提在內，何勞求外；依此修持何不得——得忘心佛。

○中華文物，萬里長城；飛在太空顯眼前——前表偉大。

●偈促一隅，夕陽共話；事件落幕化輕煙——煙塵早飛。

○餽剩飯菜，地上舔食；人民主席劉少奇——奇生像狗。

●世上男女，妄爭雄長；長夜迢迢路漫漫——漫說平權。

○情人眼淚，霹哩啪啦；鵲雀橋畔掉不停——停在倆心。

●冷泉亭水，潺湲清冷；飛來峰下觀冷泉——泉冷何時。

○人老情舊，永刻倆心；幼夢難忘依然新——新陳代謝。

●菩薩佈施，不念怨親；沒有舊惡無憎人——人皆平等。

○何謂同情，當是弱敗；人在困衰給施予——予援心感。

●山嵐爭飛，乘舟遨遊；水碧如茵日月潭——潭影夢幻。

○人生勤敏，世無貴賤；萬民那個是閒身——身無貴賤。

●映波鎖瀾，望山壓堤；東浦跨虹蘇堤橋——橋在西湖。

○赫魯雪夫，何產中國；暴君秦皇難相容——容非赫死。

●牙齒固硬，但易折斷；舌頭雖軟不容損——損少融圓。

○非洲南非，好望角前；海中礁石劃界島——島分兩洋。

●謙謙君子，卑以自牧；達於天命視無為——為心何物。

○日月如梭，年年歲在；光陰似箭要惜春——春難幾時。

●不怕人愚，只畏身懶；勤能補拙勝奇聰——聰明反誤。

○逆來順受，順臨惕為；心本正義立世則——則範千秋。

●佛法尊寶，普灑十方；恭敬誠求蒙感應——應心印心。

○中國文化，向潤國際；美國孔子來東土——土運大同。

●事將光榮，留給過去；心為未來策宏圖——圖謀人利。

○真正快樂，不是用眼；心中安適始為得——得不外攖。

●力無稍懈，心不弛放；進德修業強不息——息難有成。

○由地上看，空中鳥瞰；風光景色有不同——同難心情。

●雪塑菩薩，冰心一片；雨淋羅漢熱淚假——假難慈悲。

○叛徒內奸，工賊特務；死有餘恨哀萬年——年為奇傷。

●一念心淨，處處運開；一葉世界猶如來——來分天地。

○一粒種子，播泥是因；澆水為緣收穫果——果無因難。

●人生在世，千錯萬錯；難抵懺悔改向善——善行多做。

○啞巴女孩，終其一生；只講一句話有鬼——鬼分善惡。

●炎陽之下，人性浮燥；戎馬之兵難理論——論非學養。

○外圓內方，腳踏實地；追求完美眾志成——成莫騖遠。

●生命價值，不在位壽；在於如何能付出——出不報償。

○喜用腦力，勤運體勞；事業有成較人多——多為人益。

●卿野遊俠，浪跡天涯；賣藝何處是兒家——家謀生活。

○台灣陶藝，精絕鮮麗；廟中彩繪多葉王——王名麟趾。

●年齡職業，時間地點；障礙學問生難求——求識入庫。

○立身社會，不忘付託；求新求變求發展——展志抱負。

●生命意義，不在利得；在於如何靈性揚——揚昇不污。

○法不孤起，仗境方生；道不虛行遇緣應——應結因緣。

●唵嘛呢叭，咪吽誤牛；唸了廿年功力高——高疑不靈。

○過高期望，降低滿足；較低成就易獲得——得低於高。

●彌勒笑顏，世人皆喜；觀音法像慈麗容——容化生靈。

○誰明自己，自己何人；塵世知音何處尋——尋無俞鍾。

●金嗓周璇，坎坷愛情；名人後裔苦飽嚐——嚐盡炎涼。

○生猶鼎爐，爐難免煮；人似種子種等終——終必有起。

●層次較高，人處其中；潛移默化悟識昇——昇遠鵝首。

○洞中七日，世上千年；洞裏修煉點滴涼——涼水心寒。

●人在塵世，自然耐得；冷苦煩閑無不祥——祥雲風音。

○錢固有用，但又可怕；為錢喪命因錢活——活皆是錢。

●宇宙不可，日無和風；人心當有時喜情——情潤胸懷。

○衛星上天，紅旗落地；赫勃兩首難出頭——頭沒其頭。

●舊識昔友，凋零殆盡；憂苦病痛四圍身—身健強動。

○成是目標，功不在心；苦為考驗非挫折—折當力前。

●示之以恩，動之以利；震之以威脅以刑—刑加難屈。

○自負成敗，不能靠人；從幼養成理財心—心知收支。

●天掃閑雲，晴空淨時；秋雁南飛宜傳書—書得友心。

○世事無常，人生何奈；安知峰壑今昔變—變故難測。

●心是良田，看人怎種；佛法智慧由自裁—裁收般若。

○孤閒野鶴，行雲流水；心驚專一致讀書—書銷歲月。

●幼年成長，應該教他；事本獨立多思考—考後去行。

○身遭陷貶，強自鎮定；背後哀痛人不察—察出難偽。

●書法參禪，收其放心；靜止一切念慮情—情無煩情。

○勞碌衣食，深陷塵網；時光流逝滄海變—變尚不知。

●春來遍是，桃花流水；不辨仙源何處尋——尋得道枕。
○春水滔滔，仙凡咫尺；簿暮漁樵載滿歸——歸向仙境。
●殘山夢難，忘去往痕；舊景印心揮不掉——掉非昔幻。
○世人皆知，慚愧是寶；恥心如服必莊嚴——嚴以律己。
●秋收冬藏，花開花謝；人生悲歡有幾何——何不惜時。
○戰亂時代，為誰而生；太平盛世怎樣活——活不忘國。
●人人皆有，美好未來；一場橫禍煙灰滅——滅非心滅。
○人是人物，生在人間；物要修養問按排——排生成長。
●生死大關，人難勘破；夜宿石棺身體悟——悟是陽明。
○回首斜陽，煙靄紛紛；寒鴉數點水繞村——村前溪流。
●鴻雁飛翔，得展雄風；飄飄自在無人我——我何有我。
○投入藝術，一生不悔；參與專業心不二——二難致精。

●華人愛梅，猶曰愛櫻；國有所鍾看出情——情得性格。

○渥蒙先進，長官親友；高軒貴臨寵賜隆——隆儀厚情。

●雲天高誼，存歿均感；謹申謝忱伏維矜——矜鑒列陳。

○激化族群，意識掛帥；制造矛盾非國福——福非人群。

●務實理性，融和族群；斬斷貪污振經濟——濟困協危。

○五胡亂華，民族流徙；朝代更迭奔南遷——遷謂客家。

●弱小民族，尊重自治；國父理想必實現——現融中華。

○台上俯視，百萬雄兵；百年時過皆虛無——無非殘民。

●懷仁統御，利民德世；曇花一現名千秋——秋霜乍掩。

○民事雖小，但處難完；人心縱大惜時短——短守天良。

●人工關節，不換最好；活到七十筋骨壞——壞前補鈣。

○目中無人，飛揚跋扈；頤指氣使胡為非——非常令惡。

●情義相交，私底交心；利害攸關莫出賣——賣非友誼。

○松濤烹雪，驚醒詩夢；竹院浮煙蕩俗塵——塵有難修。

●煉盡陰陽，出了火獄；留存清白在人間——間磚瓦店。

○佳木由來，堪作器具；良工自古不遺材——材題木店。

●虛心成器，勁節見才；頂上工夫末技藝——藝竹髮店。

○六四平反，一黨結束；中華大地公僕選——選賢與能。

●沒二二八，何來六四；冥冥炎黃天運化——化生民主。

○有在野黨，監督政府；貪污腐化無能權——權交另黨。

●遊戲規則，人人遵守；防止專權政黨替——替劣選優。

○窮穹浩瀚，天文奇觀；人類地球繞太陽——陽光普照。

●人食過飽，腦脈硬化；老年疵呆死亡速——速無素餐。

○太陽系中，名賽得娜；星距地球八十億——億哩極冷。

●天上星亮，人間火明；世情冷暖食衣忙—忙為活命。

○低層社會，貧民生活；體力勞動舍毗鄰—鄰苦心悲。

●深院豪宅，高樓大廈；汽車隨扈食衣豐—豐憐懷憫。

○法懲有形，德治無形；人守恕道知有恥—恥無則亂。

●文化水平，人人提昇；知禮守法彼此敬—敬無則鄙。

○腳底按摩，保健之源；不穿鞋襪赤腳行—行在室野。

●宿世善根，菩提萌芽；悟境深山萬緣空—空物皆幻。

○遠離淳樸，都市尋夢；絢爛多彩變無常—常生舛多。

●專研經典，一部十年；上台演講述心得—得因自悟。

○研經體悟，輪流報告；口才鍛鍊時久美—美當度眾。

●青山緣野，流水潺潺；獨處研經修行人—人志易伸。

○日飲山泉，耕食菜果；誦經禮佛禪修課—課行不斷。

●惟願眾生，脫離苦海；不為自己求安樂——樂人拯己。

○貪想物慾，難脫清淨；斷除我念我執心——心無罣礙。

●心有帳目，涇渭分明；口裡不說人難知——知留文字。

○人在年輕，誰去慮遠；求樂一時多迷世——世人早醒。

●諸葛一生，言行謹慎；呂端大事不糊塗——塗滿光彩。

○振翼高飛，自由翱翔；海闊天空任我遊——遊當歸窠。

●人將鳥翼，繫上黃金；天上欲飛永不行——行非忘掉。

○問題不在，大小事物；關鍵處置看態度——度正要公。

●選舉紛爭，人事煩惱；衣食奔忙生活勞——勞碌人生。

○袁死國亂，軍頭獨霸；窮集錢財存瑞行——行銀毛嘆。

●園林花苑，世人手栽；骨灰遍灑土壤內——內有您我。

○生歿年月，碑刻花前；聯句詩文同共賞——賞花心美。

●六倫五常，四維八德；中華文化國人行——行道立世。

○水流戔戔，魚游蝦跳；校園山景周邊美——美心人賞。

●楊柳花開，婀娜多姿；綠草如茵如詩畫——畫如天堂。

○滿地花香，人世美景；灰灑河山大地上——上為骨灰。

●前人種花，後人欣賞；花中有我我栽花——花內有您。

○入住醫院，打針吃藥；體無完膚知洒脫——脫去苦痛。

●笑別人間，沒有掛礙；心慕天堂桃花源——源頭返家。

○身體病痛，在人姿態；矯正脊椎直無疾——疾去則強。

●黨之為黨，眾口難調；名利忘掉政益民——民福久存。

○魚游水中，相忘江湖；人生紅塵亡道術——術用世亂。

●喜新厭舊，幻想破滅；再思以往悔難復——復無重建。

○競技場上，失敗資本；過往教訓期回收——收當利民。

●富不可戀，享豈久恃；當策利民千秋福——福益後世。

○器識宏遠，度量浩瀚；天賦異稟創業主——主導政局。

●德望力勢，人和地利；天時配合權易得——得其心安。

○國有大老，政因變故；動亂不停調解紛——紛止民安。

●治國元首，識政情味；時明是非安保民——民心向之。

○德澤豈忘，汗盡血枯；注斯土民始有今——今世同感。

●遺言猶在，人陷水火；竭智深策早報恩——恩忘非人。

○小平掌權，大修蔣墓；平反黑五得民心——心放天下。

●千夫諾諾，一士諤諤；紛擾權爭御難定——定採卓見。

○功名富貴，權力地位；妻子兒女我何干——干卿底事。

●人到頭來，空空回去；濟世利民功德留——留碑後頌。

○三日不言，民間疾苦；文章辜負蒼生多——多寫心情。

●握緊拳頭，一無所有；張開雙手全擁抱——抱益蒼生。

○詐彈驚魂，民票公僕；三一九日鳥選舉——舉無軍警。

●拜票車上，槍彈落身；正副元首就醫行——行遠捨近。

○國安機制，因危啟動；翌日為何辨投票——票心昧明。

●射來二槍，直斜中車；肚皮膝腿未穿透——透彈落袋。

○槍手神射，彈子拐彎；扈從未傷竟不知——知明驗傷。

●藍綠對決，競爭激烈；一彈扭轉劣勢情——情心問天。

○天心公道，人心難猜；千秋萬世疑雲多——多麼悲哀。

●總統府前，凱達大道；疑選不公民不散——散非驗票。

○天佑中華，神佑蓬萊；公僕選舉行民主——主權在民。

●中華民國，千萬代傳；岸合重返聯合國——國旗重現。

○總統競選，全民公投；綁在一起民難解——解不通過。

●藍營起疑，因在票彈；選民心情聚抗爭——爭求公平。

○民進黨員，曾任主席；絕食抗議許信良——良受獻花。

●橫斷公路，石門水庫；美付榮民退伍費——費移築建。

○抗日戡亂，戰陣不死；光復台澎收東北——榮民功高。

●守衛金馬，經建台澎；餐風宿露海岸邊——邊防哨兵。

○來台先民，分為四類；忠貞謀生漁民盜——盜難陸生。

●民三八年，政府播遷；義不帝秦軍公民——民三百萬。

○選會作弊，圈人兩章；若人蓋圈票作廢——廢明有詐。

●嗚呼民主，蓄意蹧蹋；正義人士起抗爭——爭睹信良。

○百萬群眾，走向街頭；為爭民主要公平——平問阿扁。

●公平選舉，還給民主；要求真相白人民——民心悲鳴。

○民主之恥，槍彈之迷；人心之哀悲台灣——灣水淚陳。

●製造事件，疑演苦肉；誰是禍首民不諒──諒非查明。
○槍案初發，緣營電台；誣指國共聯手幹──幹豈僅傷。
●群眾壓力，戚然面對；釋出無奈願商解──解莫再變。
○府前民眾，聚爭一週；轉移中正紀念堂──堂內續抗。
●驅離抗爭，警指揮官；妻在群中搖旗喊──喊要公平。
○藍營噏聲，府前群眾；七天八夜創紀錄──錄為連宋。
●兩位君子，對非君子；民主蒙羞人心哀──哀扁盜權。
○不是暗殺，但是槍擊；行兇動機究為何──何勞動問。
●兇手是誰，幾種可能；有人測猜非外人──人難破案。
○驚駭中外，臭名遠播；台灣民主竟如此──此人可鄙。
●不亮不通，水電困擾；現代人生論文明──明感科技。
○用心究發，潛能無限；天地萬物人探研──研明供用。

●邪惡行為，定遭災難；不正思想要湮沒——沒無則禍。

○太虛幻境，事象模糊；假真真假無還有——有即是無。

●新學氣成，舊書茅坑；馬列乘虛青衿左——左看五四。

○五四運動，新舊交替；左傾流毒禍中華——華民哀鳴。

●嗚因獨秀，倡言馬列；道引唯物災中國——國族遭難。

○難劫炎黃，幾乎斷脈；紅白江山兩岸分——分合天定。

●纔解頭索，小休溪邊；謂誰負重吾勝天——天牛吹力。

○五四起前，文革跟後；嗚呼中華文化劫——劫因馬毛。

●友猶講板，中有污跡；白無人看見黑點——點出其缺。

○無情殺手，唯指時間；天地萬物誰不怕——怕修不朽。

●五十年前，人面桃花；秀麗婉約目白齒——齒落髮蒼。

○人固可欺，心不可欺；心固可欺天不可——可反誅己。

●身心障礙，申請輔具；縣市社局費領補——補二分一。

○多少名著，塵封高閣；顧此捨作無史文——文承新舊。

●戰略眼光，棋著宏圖；宮變紀要誰不讀——讀鄙權爭。

○失意事來，治之以忍；快樂得臨處以淡——淡然於懷。

●心若不細，慮事欠週；心如慌亂臨事怯——怯難定斷。

○各美其美，美人之美；美美與共和不同——同德不異。

●女比男生，耐心細心；男較女性勇毅堅——堅宜女協。

○人之將去，其言竟惡；康生投機肅反施——施忠天驕。

●生命延續，人之大孝；男女不婚枉今生——生難交代。

○民族傳承，男女之責；族教通婚人類和——和平大同。

●生命生活，像游海洋；鬥志昂揚易彼岸——岸上笑迎。

○天界諸真，星宿等等；道果有進應昇級——級無則降。

●天地神祇，普化蒼生；諸真神祇儆不力—力核勸貶。

○在世之人，勤修行善；天錫必福否降災—災因作惡。

●昧不道德，劫厄難解；神前痛悔改行善—善果立報。

○耕耘技藝，黎民沾德；本草親嚐沐恩光—光敬神農。

●創造研發，利益世人；立下功德歿升天—天享極樂。

○天堂風光，俗眼難見；修真凝固先天靈—靈淨易睹。

●科學昌明，登上星球；目睹不過空空如—如此而已。

○天界風光，非俗能見；如無善德靈性污—污難目睹。

●天界幻境，無緣難享；皆是德人無外郎—郎因勤修。

○中土文化，時遠五千；善覺早萌人知修—修必得睹。

●天開於子，清氣浮天；頭上之天自然天—天宰萬物。

○天外之天，謂之無極；天內之天為太極—六合三界。

●天宰萬物，化育群生；生生不息因故有——大圜之說。

○天有中天，東西南北；天上宮殿樓閣有——有修始住。

●亭榭池沼，異花奇木；珍禽奇獸仙桃果——果皆仙類。

○卿雲片片，瑞氣千尋；天路金鋪童男女——相迎幽閒。

●東西文化，較中為晚；養氣靈光昇天聖——聖宰諸天。

○中華難生，人身難得；生當知修德為先——先行善業。

●天界咽喉，是為南天；六府八部管萬教——教柄掌控。

○紫氣嬝繞，祥雲靉靆；南天玉闕金碧輝——輝煌偉門。

●南天三才，天地人也；主司統天地人記——記算元會。

○天雲變色，地震動蕩；人物生息諸文件——件由天管。

●何謂七政，日月五星；主宰運行光度亮——亮照化育。

○日月五星，普照乾坤；天人三界修德育——育靈胎生。

●南天雷鳴，除惡殛人；雷閃如梭保良善——善澤蒼生。

○坐八望九，人生不朽；坐九望百身難得——得在動得。

●蓬萊仙境，瑞靄片片；五顏六色似彩虹——虹光益人。

○天氣冷暖，風雨霜雪；應運天時降大地——地上物生。

●霜寒嶺上，夜鋪寒銀；雪凍江東九霄散——玉凍梅花。

○生靈生存，水火是賴；滋潤萬物火耀明——明感天神。

●水滋萬物，十方翠緣；火利群生堪期耀——耀照蒼生。

○靈雷寶殿，南天玉闕；政令秉承玉帝詔——詔天施令。

●行道凡塵，承旨司柄；政仁及庶表聖慈——慈澤廣被。

○南天高聳，是仙籍府；人修正果冊列入——入上仙班。

●凡諸天仙，如應劫運；下塵度眾造功果——果滿回天。

○仙家有種，三華聚頂；籍貫無分五氣朝——朝元脫俗。

●世人行善，忠孝為人；濟世佈施立功果──困位任神。
○廟寺神佛，上天勅命；俎豆香煙千秋享──享完轉世。
●神佛無難，修道登天；職名雖異力種善──善有證仙。
○河漢星斗，氣天諸仙；芸芸蒼生地府鬼──鬼度超生。
●聖佛仙神，勤修功課；心悟大道果顯著──著享俎豆。
○普施德澤，惠及三曹；度化迷頑出迷津──津恩知報。
●黃帝史臣，蒼頡造字；天之上下用記事──事促文明。
○五教之經，普天書籍；鸞門善書存天府──府名南天。
●振起綱常，西周範流；文宣維德魯遺徽──徽澤萬年。
○世道澆漓，綱常不守；性近禽獸天震怒──怒再混沌。
●關呂張岳，叩祈上蒼；一旦混沌難善惡──收回成命。
○千百年前，開堂闡教；啟發向善挽浩劫──劫無感天。

●鸞傳異蹟，繼徑善德；務本光明開來性──性絕貪痴。

○天道無私，化育萬物；有教無類生不息──息非毀滅。

●化生秉正，雨滋萬物；育秀無私培大德──德澤千秋。

○文風丕振，麟蛟盛世；書氣縱橫龍鳳飛──飛舞兆豐。

●焚呈疏文，管由文府；不當不合南天審──審不冒瀆。

○孚尹扶危，飛鸞施教；佑賢輔德開壇濟──濟利群生。

●太白光芒，逸文冠首；金星燦耀詩超群──群雅賢聚。

○西天佛地，色相皆空；忘情無欲心清淨──淨不難天。

●西天之天，極樂世界；成佛成道聖賢居──居者逍遙。

○只知唸佛，昧修養性；人道做美還天道──道引西方。

●玉琢修圓，成為大器；虛懷證果種仙根──根源天道。

○太上光明，殿宇煙霞；清虛縹緲仙桃香──香露雨露。

●上界仙根，心悟須妙；清虛道氣養性安——安練性明。
○儒教秉承，三皇五帝；堯舜禹湯文武周——周公道統。
●發揚設教，三千七二；傳至孟軻而國父——中山繼往。
○先師孔聖，天上杏壇；至聖宮前氣象雄——雄以禮義。
●萬國人心，宗秉泗水；千秋師範仰尼山——山高世崇。
○宮分兩廡，淨窗房潔；內皆吟哦彈弦歌——歌史明儒。
●道統溯源，自堯而孔；聖功作述詩迄經——經傳千秋。
○天道元始，氣化三清；老聃降周孔問禮——禮傳中外。
●道源玉虛，承道門人；降世宏道統不墜——墜難承傳。
○中華民族，有道承繼；道降中土千秋傳——傳道不絕。
●名山勝地，皆隱神仙；桃源雲霄白鶴洞——洞內承天。
○天既生人，育養教之；五教化善分東西——西反以儒。

●以儒為宗，以神設教；啟發人心向善行——行不偏路。

○儒以仁德，道以善良；釋以慈悲耶博愛——回以惻隱。

●道降玉虛，門人發揚；黃帝問道廣成子——子得昇天。

○阿彌陀佛，慈悲設教；佈施為懷修三寶——寶證果位。

●佛以戒殺，經啟悟人；天皆極樂非西方——方圓皆修。

○耶蘇教主，耶和華也；博愛教化度眾生——生信上帝。

●回以惻隱，穆罕默德；晚於耶教六二二——教外不婚。

○五教普世，教化人類；發揚至善人可天——天堂消遙。

●上天造人，萬物之靈；不為物慾遮掩善——善無嶽懲。

○事事為之，難者亦易；若卻苟安易者難——難易在心。

●背義忘情，非人是狗；愛貓惡狗人性詭——詭難做人。

○失水巨魚，得水歸海；無山猛虎受人欺——欺因無林。

●蛋殼之皮，現國徽芒；台北三重陳姓店——店東珍惜。
○善惡全燬，法正乾坤；念而無念心淨天——天人合一。
●動靜如意，似空非空；意隨機起有無意——意忘勤修。
○法轉初動，似妙似悟；融心輕體生慧力——力增忘禪。
●美麗花朵，正在盛開；猶如人生少年郎——郎心無邪。
○青春愛情，稍縱則逝；呵護珍惜守住玩——玩難享久。
●喜歡自己，肯定別人；立足客觀看社會——會同創造。
○天照甲子，人本情理；地上萬物運化生——生要得時。
●頭上之天，自然之天；道化天地人居中——中華難生。
○宇宙無限，科技難測；星球牽扯軌循旋——旋懸太空。
●大麻菸草，燃煙入口；合法非法天壤別——別入牢獄。
○聚合無常，人之生活；聽從天命應隨緣——緣來珍惜。

●因昧而合，由明而分；分合隨緣無苦怨——怨心害己。

○地球開發，過度擴張；環境污染人物化——化因失調。

●漂流荒島，開拓求生；建構棲身防獸襲——襲難保命。

○大江明月，萬古長存；千秋世業誰霸宰——宰只剎那。

●人生歲月，猶交響曲；章節終止勢必然——然要活潑。

○族群宗教，和諧包容；尊重提攜進大同——同心完成。

●地方人文，各俱特色；節日慶典嘉年華——華誕狂歡。

○千古江山，紅塵萬般；人世因緣起滅無——無限感慨。

●雨打風吹，春去秋來；冰雪寒霜嘆無常——常非世事。

○誰是英雄，豪傑安在；烽火狼煙今熄滅——滅不再燃。

●族群平等，融和相處；制訂章則人類守——守不再想。

○世上人生，千錘百練；烈火焚燒身不怕——怕難成功。

●鑿出深山，豈是等閒；粉身碎骨清白留——留得美名。

○人想像力，大於知識；想像豐富研發多——多造群益。

●知識固豐，不等智慧；智慧啟發人生夢——夢想開竅。

○創造研發，基於想像；大科學家無不夢——夢想實現。

●任何領域，傑出人才；先有理念始踐行——行有目標。

○難言說話，話說言難；洽當出語人聽樂——樂語多說。

●上窮宇宙，下究微塵；古今浩渺無不研——研發精理。

○歷史迷霧，銷聲匿跡；曲折認知重新現——現出真偽。

●刻劃人性，描寫入微；領域古今入書中——中道做人。

○普世承認，誰能反對；濫用權力遭人評——評本無私。

●算咱命好，登上爾前；無力治事惹人笑——笑因德短。

○黎民蒼生，嗷嗷待哺；主政當局視無睹——睹樂自歡。

●好得好美，事實不然；人心善惡不可靠—靠是自己。
○紈褲子弟，坐吃山空；遊手好閒業不務—務本求生。
●正常生活，過正常人；人不特殊始是人—人殊忌人。
○義務要盡，權利該享；善事多做德留世—世人尊仰。
●居安思危，時刻警惕；世事風險要承當—當之無負。
○瞭解情況，進入角色；親臨新境時覺醒—醒當心戒。
●下午三時，吃過早點；天驕生活性反情—情看毛情。
○日夜顛倒，工作異常；民進夢鄉心靜想—想為霸主。
●江山權得，苟無文革；一心為民施德政—政超史前。
○各項領域，研發工作；提供卓見供採行—行利蒼生。
●凌厲恃氣，矯枉過正；口舌招尤動輒怨—忌無怨正。
○性子執拗，不採眾議；剛愎自用陰賊逞—逞將敗傾。

●手上有血，早悔洗清；留下污漬心何安──安無不染。

○天地萬物，皆本其序；人失情義類禽獸──獸無性理。

●地球人類，族群融合；進入大同無隔閡──閡有難容。

○沙漠高山，遍在地球；海洋五洲水陸連──連山帶水。

●地球懸空，旋轉星河；太空地球何其多──多尚待探。

○理念相同，易於協事；縱生異議諒恕容──容互和存。

●宇宙之闊，太空之大；人生地球任遨遊──遊無罣礙。

○生死循環，循環生死；主宰生死仍是人──人當本道。

●政治平反，六四必然；天運中華二二八──八方掘發。

○洗刷污跡，政治清白；公僕選舉真像白──白為民心。

●歷史腳步，永不停息；人類進展求幸福──福利蒼生。

○文字媒體，從事工作；宣導人性本公正──正無歪風。

●層峰尖端，天寒地凍；驚心動魄位險身──身處知應。

○攀上人前，知所謙抑；傲慢無禮易受鄙──鄙去和善。

●由卑而極，人上之人；君臨天下到頭空──空前利眾。

○地球之外，尚有地球；宇宙太空地球往──往來互動。

●人之大腦，潛力無限；研發科技上太空──空天曰月。

○日月在天，東西旋轉；地球懸空軌道行──行猶人倫。

●人倫規法，長幼有序；序亂禮無類禽獸──獸乏恥心。

○家規國法，是人該守；團體規則人人行──行無序亂。

●飽讀經書，通明新知；學富五車濟蒼生──生德留世。

○地球生命，幾億萬年；南極仙翁七次毀──毀看復成。

●中華民族，上承天運；族群融合必大同──同住地球。

○地球族群，資質有異；炎黃承運化人類──類皆華夏。

●族教通婚，化除框框；同生地球族皆人——人性通天。

○天下蒼生，生生不息；息息相關彼此協——協力共生。

●既奪江山，復玩美女；草莽梟徒愚蒼生——生看天驕。

○人性對立，天性如此；彼此和諧共協生——生無鬥爭。

●太陽下山，人該休息；日落旋出永不止——止是人生。

○物用有限，窮富不均；辛苦一生難溫飽——飽濟不飽。

●穿透哲理，理明物情；科技研發究天地——地上人雄。

○台島蓬萊，日月潭景；神州遜於太魯閣——閣中仙子。

●中華勝景，地球無雙；遊罷五岳難黃山——山邁列邦。

○雲南羅平，山多奇峰；九龍瀑布雄渾險——險峻娟麗。

●小老百姓，芸芸眾生；市井小民計較生——生為活命。

○大眾蒼生，蒼生族群；人類智愚有不同——同是人心。

●不平凡者，幼受疾苦；心受刺淚堅志勇──勇為偉業。

○早起鳥兒，必先食吃；身懶睡床人多苦──苦失事機。

●人當自警，事必機先；處處用心耕讀成──成家立業。

○中華名山，廣建寺剎；河川源頭出高原──原西向東。

●東海蓬萊，陽明山景；花團錦簇賽桃源──源美人賞。

○清明節日，遊人來祭；山人徜徉伴花眠──眠護客賞。

●三更燈火，五更雞鳴；客鄉在家遊子起──起來耕讀。

○向上謙恭，是人本分；平輩謙虛為和善──善氣迎人。

●向下謙遜，是人高貴；對人謙恭為安全──全守以誠。

○謙美德也，過謙懷詐；默懿行也過藏奸──奸少坦誠。

●謙光受益，和氣致祥；光不宜強氣勿盛──盛過人反。

○飲乳酸菌，助體環保；預防便秘抗腫瘤──瘤消有效。

●路未走過，臆測難明；妄狂發言空泡彈——彈發不準。

○文明進化，自有人始；為了生存用心研——研究創造。

●頭銜琳瑯，肩負沉重；何曰卸卻心輕鬆——鬆無解脫。

○伸展腰肌，就是運動；拉筋劈腿身不朽——朽因人懶。

●如果要忍，別人過失；先將眼光看自己——己察有無。

○陣仗疆場，生死俄頃；您死我活一瞬間——間不容想。

●江不滿汪，汪得毛重；毛死汪聯華整江——江敗劍英。

○屍骨未寒，宮庭政變；假名開會逮江青——青存民哀。

●蝸居山林，苔深草綠；碎石陡坡路難行——行止受阻。

○人類智慧，誰可將相；惟有特性定春秋——秋風隨轉。

●歷史人物，睥睨層峰；當時豪傑皆無奈——奈非不想。

○交織血淚，成王敗寇；昂揚起伏啟示錄——錄看史篇。

●人皆有死，誰留丹青；活躍千古惟德世——世人敬仰。

○氣貫日月，震威古今；發揚特質惠人類——類無分別。

●權勢利祿，高官名位；心血花盡想取得——得不害民。

○非常之人，超世奇才；德世化民公僕選——選賢舉才。

●天下蒼生，惟望德君；民承恩惠死為神——神受敬仰。

○讀聖賢書，所為何事；守忠盡職正為人——人德千秋。

●于謙怨死，天為之悲；岳飛忠國卻亡獄——獄名後世。

○春秋秉筆，千古褒貶；一字字落芳臭留——留人評斷。

●天賦異稟，後天力耕；特殊智能出人頭——頭角崢嶸。

○名傳千古，遺臭萬年；事實昭彰史筆斷——斷其功過。

●中華肇建，始於黃帝；五千年來悠悠長——長存地球。

○凡事之始，洞燭機先；成敗由人非由天——天自公斷。

●天機難測，測由人定；定由眾議議人裁──裁由我決。

○成非天決，敗難宿命；昂揚起伏人歷練──練定勇毅。

●亂臣賊子，弒君犯上；處心積慮剷異己──己存何安。

○功大震主，權大壓主；才大欺主受主忌──忌穩求全。

●人死留名，豹死留皮；功德千秋言不朽──朽木糞土。

○時代歷史，洪流漩渦；充當小民螺絲釘──釘人不痛。

●人如流星，誰個不死；難留千載萬代名──名沉泥土。

○讒口交訌，市中有虎；群奸煽惑蚊成雷──雷由響聚。

●横柴入灶，硬拗難解；抱虎憑河徒恃勇──勇非無智。

○紅塵蕭瑟，秋夢蝴蝶；醒來枕上盡是夢──夢中皆幻。

●感情豐富，律己利人；憂國憂民憂自己──己後人先。

○如此江山，多麼嬌美；感嘆地球受污染──染無人愛。

●夢裡歲月，無不含淚；醒來年華盡風光—光耀人生。

○言語尖酸，話出刻薄；惡意攻訐別人非—非己厚道。

●相信因果，人不妄行；人種惡因難善果—果由自食。

○滾滾紅塵，大千世界；貧病哀痛知多少—少賴憐濟。

●咳逾時月，呼吸病變；應速就醫免誤時—時短易治。

○姿勢不正，身扭易疾；從事何業特注意—意由自矯。

●努力不懈，敗必復起；巧法取得成後衰—衰因失警。

○肩頸疼痛，椎盤突出；姿態不良少運動—動明矯正。

●身體素壯，入療醫院；英雌男女淚滿腮—腮無早練。

○三皇五席，中華萬代；代代傳承地球統—統合人類。

●二二八日，三月十三；藍綠造勢大遊行—行選與賢。

○兩岸和統，肇選公僕；國共競選誰得勝—勝共是國。

●天命運化，冥冥註定；臺二二八陸六四——四海歸心。

○心向民主，無人否定；定選公僕大一統——統合五洲。

●生活細節，衣食住行；聖豪庶民各有異——異非是人。

○只要是人，皆嗜所好；性難同一行難合——合作力協。

●人類潮流，多元變化；心靈失指卜迷路——路正人行。

○立業正當，行為無邪；念頭不偏光明想——想心善好。

●人立天地，一本正氣；窮富貧賤心不邪——邪生行歪。

○求神問卜，作法誦經；指點迷津絕非宜——宜要行正。

●人之行止，受神控制；絕非正途但不逆——逆失天良。

○天良無愧，行止正當；人事運用得智慧——慧心自明。

●化溶人性，陰暗卑微；轉為光明正大人——人無險詐。

○人皆有死，葬土火海；屍身骨灰生前定——定宜簡單。

●生有價值，死要灑脫；莫留遺憾在人世——世上碑頌。

○貪生畏死，世人常情；來去光明有何怕——怕無修德。

●敵非敵人，而是自己；戰勝自己敗敵人——人先自強。

○各標風致，互騁才鋒；闡去談理日月星——星及人意。

●心境一轉，天地變換；悟迷竅開悲樂生——生何有苦。

○人若失足，尚易挽回；但如錯言難收語——語箭慎射。

●人格凌遲，刻骨銘心；踐踏清白牢獄痛——痛受難鳴。

○白骨黃土，千古留芳；沖天浩氣日月光——光芒四射。

●相處比鄰，晨夕相數；塵寰好友有幾人——人生樂事。

○薏仁紅豆，粥補氣血；白鶴靈芝茶肝毒——毒解潤肺。

●身軀固定，在床架上；窗外藍天遭紙遮——庶彭德懷。

○堂堂元帥，打下江山；天驕非彭難致功——功狗遭烹。

●科學文明，誤解孝道；千古真理惟行孝──孝不欠親。

○人可欺人，心不可欺；心可欺心天不可──可怕懲獄。

●少油少鹽，益壽延年；清菜豆腐可養生──生沒疾病。

○流金歲月，真假人生；紅塵萬般不了情──情得空無。

●成敗皆何，嗚呼賀龍；功在軍建死毛手──手假周除。

○井崗山上，鏈刀斧頭；五百農民嘯聚成──成王敗寇。

●狼狐階級，鬥爭路線；但鄙四化經濟榮──榮難毛同。

○天崩地陷，七六改元；嗚呼中華從此興──興去浩劫。

●無情歲月，增中有減；有味詩書苦後甜──甜該力讀。

○輕舟渡河，流水有涯；松月梧曰樵酒茶──茶煙琴書。

●動靜觀心，權作德逸；知性交養對時修──修身明性。

○九龍神易，昇天之曰；一統江山萬世平──平待人己。

●太極鴻濛，化運兩儀；卿雲糾縵燦純熙——熙蘊萬物。

○鈞天一片，祥雲瑞氣；萬古昇華佈四夷——夷皆來朝。

●碧血黃花，萬代景仰；天地正氣日月光——光耀千秋。

○金塘桃花，被共攻佔；大捷登步堅固守——守軍奮戰。

●嗚呼總理，勞屈一生；哀哉周死天驕慶——慶放鞭炮。

○總統蔣公，抗日勝利；對敵德報化怨心——心獲世敬。

●二次大戰，德屠猶人；六百萬人遭殺害——害懲希魔。

○愚頑豪聖，隨潮起落；歲月流逝悲時光——光留人間。

●人生難得，偷閒半日；偕友郊遊看山景——景色娛性。

○鄙敢正言，殘殺猶太；希魔天譴阿鼻獄——獄情希言。

●蔣公仁慈，以德報怨；上天誥封仁德君——君誕顯化。

○人窮到極，無非討口；身若未死要出頭——頭角頂天。

●萬物群中，何物最智；唯數華人至聰明——明白天賦。

○自我表爆，露出性格；出生地方各有別——別因水土。

●絕頂智慧，還是炎黃；三五七九歲出書——書撰詩書。

○金今郁秀，韓寒方舟；天授神童寫作家——家喻戶曉。

●智性伙伴，不可缺無；遇有困解得有友——友去協力。

○創研新局，不怕麻煩；違逆事情求真理——理通天人。

●地牛翻身，家破人亡；嗚呼地球氣爆發——發為物災。

○東北吉林，天降隕石；重達千斤落地來——來殃人害。

●人非迷信，但有認知；天呈異象地變災——災起世禍。

○周先毛朱，早別人間；疾未往探死詠歌——歌娛南海。

●人生列車，到站必下；途經路線各千秋——秋冬春夏。

○各人命運，時代支配；但有智慧少坎坷——坷無災多。

●絕望人生，命定返途；世有文字逆時間──間無所隔。

○縱橫天下，華人英豪；傑出表現令激賞──賞其智慧。

●登陸火星，人類成功；探測蒐秘精神號──號召往遊。

○飛行七月，火星降落；宇宙星球知多少──少人能知。

●太陽月亮，五行之星；人類地球外太空──空尚有空。

○銀河之外，尚有銀河；地球之外有地球──球河遨遊。

●整個宇宙，星河組成；太空之外復太空──空天日月。

○遨遊星空，船行穿梭；火箭穿渡兩地球──球復有球。

●前進火星，豈是夢想；人類智慧邁神明──明白天地。

○一九〇三，萊特兄弟；夢想飛天非夢想──想定有成。

●九觀功法，動靜為主；運動過後再靜坐──坐禪調心。

○明心見性，見性成佛；佛本無心坐忘性──性見則明。

●坐禪忘禪，忘禪坐忘；忘坐無心性見明——明悟宇宙。

○雲龍山頂，月色蒼茫；當年戰場古今有——有看徐蚌。

●國謂徐蚌，共曰淮海；投兵爭戰逾百萬——萬家寥落。

○折骨而炊，鞋牛皮食；嗚呼寒夜哀嚎聲——聲痛父母。

●禪宗之禪，是重契悟；知見非他禪只知——知靜坐想。

○冥想守竅，出竅通靈；運氣無邪禪難比——比不知悟。

●悟理明心，悟後起修；是謂真修非妄修——修在一悟。

○不悟本心，學法無益；禪門行者求一悟——悟喪考妣。

●高山頂立，深海底行；百花叢過葉不身——身片不沾。

○性離五慾，剎那即真；忽悟自性見世尊——尊前佛現。

●高山流水，一曲琴聲；伯牙子期是知音——音得人賞。

○學看話頭，投瓦深潭；直下落底即刻悟——悟不外求。

●言語道斷，心行處滅；明白這個冷暖情——情悟知竅。

○火星地表，全景岩石；紅色江山呈眼簾——簾由美攝。

●太空總署，火星探測；全景相機拍攝景——景無緣意。

○遨遊太空，穿梭星球；人類夢想將實現——現由人研。

●普及深耕，教育成果；台灣原民博士多——多令人敬。

○邊疆民族，皆是少數；獎勵讀書化愚育——育無族強。

●神州邊民，族有五六；部落委會族總會——會會有管。

○農村生活，民皆閑散；耕種糊口今異昔——昔設私塾。

●族不通婚，永難和平；先由回漢行聯姻——姻久世同。

○地球民族，何止千數；膚色雖異人平等——等無差別。

●立國之根，首在教普；民智提高禮儀興——興看美英。

○交通水電，工業科園；開發西北首要衝——衝前建設。

●沙漠良田，西水北引；內外蒙古變綠洲——洲由人造。

○黑龍江水，黃河長江；山雪溶灌沙漠地——地變稻種。

●人智無限，改造天地；事不可能變可能——能者就能。

○鑽進死角，忽綻光明；反覆醞釀人生夢——夢由人演。

●東方文化，儒論實際；做人為先餘在後——後非不前。

○西洋文化，海闊天空；無際想像回歸人——人要做人。

●生化軟體，電腦半導；四大產業皆科技——技各現代。

○在職場上，人生道中；旅途雖異落終點——點點落痕。

●中華文史，電影取材；美國時短演未來——中演史情。

○火星地表，橘紅一片；奇妙幻景令人喜——喜愛其色。

●火星探測，行星協會；美國普選校生參——參與研究。

○陳鍾兩生，雀屏中選；火星作文成績優——優入參觀。

●今日美人，前瞻領先；領導列邦醒直追——追研科技。

○地球大同，人文科技；宇宙人類遊星球——球另有球。

●錢塘江潮，蛇吞象景；張開海口逆行倒——倒帶湧浪。

○千軍萬馬，潮湧奔騰；史能逆捲豪傑情——情演狂叫。

●濁浪奔來，濤天潮湧；人默退散江邊寂——寂風淒淒。

○浪淘多少，歷史人物；叱吒芻狗無情消——消影無蹤。

●海潮人潮，八方湧來；看盡起落塵世情——情將無情。

○南水北調，灌溉沙漠；江山常綠中國起——起無饑民。

●貴州平塘，掌布河谷；凸現塊石有文字——字寫小平。

○河峽谷中，寬七十八；石裂為二紋路上——上有八一。

●八一小平，石紋奇字；中國共產黨天書——書現今解。

○中華天命，運化古今；冥冥操盤轉人天——天書預卜。

●中華版圖，昔止城內；滿清擴土沙漠北——北蒙必復。

○岸合中華，民國一統；內外蒙台黑龍江——江北土收。

●中國運化，預卜天書；天呈異象遲早現——現出禍福。

○府遷台前，遍傳妖聞；中外動蕩天異象——象有運轉。

●翰墨飄香，遠傳中外；書寫人間天地情——情透心坎。

○非洲大陸，內陸蠻荒；人無文化原始情——情令悲悽。

●電訊暢達，地球角落；網路揭開人世秘——秘聞未知。

○人性標準，應予提昇；文明進步始文明——明白此理。

●西方學者，強調人類；科技進步學東方——方始有救。

○人格人性，孔孟倡導；樹立做人從幼起——起念經書。

●時光隧道，若是返古；美麗小姐徵宮權——權非今時。

○非政治家，或是政客；當為公僕政務官——官無官僚。

●太空爭霸，美俄領先；中華直追不落後——後反在前。

○太空遨遊，人類夢想；宇宙之外有地球——球人互動。

●夢在人類，萌於初生；人被夢牽難人生——生論現實。

○莊周夢蝶，蝶夢莊周；美化人生皆幻然——然非對現。

●文人筆下，端出文情；娓娓道來皆合理——理路清明。

○夢想飛走，志有實現；人生有夢但非幻——幻化為仙。

●孝養父母，尊師敬長；身命慧命要報恩——恩忘非人。

○儒佛道家，皆重一孝；人俱人性先講孝——孝為人本。

●人用科技，技非迷人；人為其炫難謂人——人役萬物。

○性養安靜，無憂外擾；生活甜淡人幸福——福享自心。

●人類歷史，鬥智拼力；殘酷無狀難忍讀——讀令心傷。

○千絲萬縷，盤根錯節；英武明斷豈統合——合為一脈。

●科學研究，專技工夫；人力物力全俱有——有始創造。
○吃香喝辣，遊手好閒；無力工作生計何——何以為人。
●人世為人，少小勤耕；老大享福始該得——得因力幹。
○地球人類，數六十億；種族千有膚色多——多因地異。
●中華武技，神乎其力；十步之內縫針穿——穿入磚肉。
○五顆腦袋，湊在一起；鄧寫字條看明白——心驚毛江。
●澤民之子，天驕之侄；遠新調京接班人——人心難服。
○非胡圖族，殺圖西族；非洲盧安達悲哀——哀族難融。
●中華民族，族皆共存；存無族群殺戳情——情本儒仁。
○身閒則富，心閒是貴；滄海横流輕其身——身無負擔。
●假相所迷，難見底蘊；司馬劍英蒙過關——關係成敗。
○晉無武帝，鄧少葉帥；曹亡毛去何改革——革變新朝。

●以勢交友，勢窮則絕；以利交友利窮散——交義情久。
○清晨起床，神未歸位；突然睜目視漠糊——床坐再走。
●人間福緣，當宜珍惜；友情無價義為先——先有愛心。
○時代進步，因人創新；挑戰科技思想變——變非情義。
●人無情義，不講誠信；為非做歹絕入牢——牢獄生活。
○人物至小，地位在大；只要是人格無異——異樣人生。
●眷戀人間，萬般情緣；美麗江山桃花源——源頭勿忘。
○浪淘人生，千古風流；時世風霜變無情——情異何傷。
●時變空移，人生遭遇；太平歲月誰不想——想莫自損。
○身負委屈，萬般痛忍；縱人不諒但恕德——德心自福。
●淮海徐蚌，徐蚌淮海；國共惡鬥勝負分——分開紅白。
○紅白江山，長江海峽；成敗煙雲誰體情——情味刻心。

●太平天國，潰無地容；台海波濤護蔣公——公承天運。

○海峽兩岸，承轉興衰；蓬萊仙島衛中華——華夏雄風。

●設無台灣，復與基地；人民浩劫將無期——期望破滅。

○天運中華，兩岸競雄；資礦掘用民福祉——祉普世益。

●資訊暢靈，媒體競報；社會新聞遠近明——明白心判。

○地球之上，物皆新鮮；五湖四海人空懸——懸轉依規。

●地球懸空，銀河星旋；人生地球倫序生——生本以道。

○道生萬物，物皆有源；源頭不忘知感恩——恩昧非人。

●人生地球，球旋太空；空空歲月是人生——生生不息。

○大地河山，河山大地；地球銀河懸太空——空天日月。

●何謂天運，即天命也；亦即天道運行軌——軌時運行。

○口癌白斑，用薑黃素；咖哩芥末食有效——效宜常服。

●藉著筆墨，書畫萬象；心靈美化度人生——生何虛度。
○山川丘壑，繚繞煙雲；嵐巖飛瀑氣勢雄——雄發萬丈。
●夕陽彩虹，無限風光；樂天知命樂春秋——秋高氣爽。
○一代英傑，雨農奇人；設非機難國共變——變難蓬萊。
●太過嚴肅，生活呆板；帶點幽默輕鬆度——度必快樂。
○天神稱祀，地祇稱祭；宗廟稱享皆有文——文祭哀悼。
●古禮祭酒，賓中年長；舉酒以祭天地也——也有敬崇。
○天網恢恢，何謂天網；人之良心萬莫虧——虧心入網。
●熄燈靜坐，神府徹明；心眼照亮宇宙空——空天曰月。
○世界接軌，需要專材；傳統文化人人明——明白進退。
●紅紅太陽，毛晒太陽；天驕已老形體衰——衰豈不死。
○人喊萬歲，豈能萬歲；自昔帝皇誰萬歲——歲由天宰。

●善而上學，高過天堂；惡而一習低地獄——獄不懺改。

○大難不死，遇禍成祥；化險為夷生命轉——轉因昔善。

●戰亂流離，人生無奈；遭逢時代隨命運——運途安度。

○弦裂著者，德裔猶人；嗚呼顛沛終成名——名因毅力。

●生命花朵，看人修為；美麗彼岸老安樂——樂得身健。

○人生在世，知有所為；世物假象莫炫迷——迷失本性。

●人者妙字，左右揚鑣；但又相連互依托——托為共活。

○人字寓意，豐富難解；通天入地萬物靈——靈宰宇宙。

●人在物類，是外在我；面對己是內在我——我分聖獸。

○人在歷史，扮演角色；聖賢賤卑好壞有——有難間斷。

●一張口嘴，說活說死；為飽肚子因緣合——合福可災。

○中華河山，大地冰封；文革罡風誰主導——導問天驕。

●嗚呼中華，人民何辜；暴君玩弄千古哀——哀不專政。

○地富反壞，右叛特務；憲警臭九黑五類——類入地獄。

●人操事權，該為民益；悖逆天良入地獄——獄牢屁狂。

○得人攏人，用人整人；天驕性格誰摸透——透難相處。

●室內空氣，污於室外；室外天空自然美——美因氣潔。

○門窗簾外，陽光潑洒；幽暗臥房詩人吟——吟自豪情。

●女人可愛，莫過平凡；通情慧語體夫君——君臨天下。

○兒童心靈，最是聰明；大人言行影響深——深當善導。

●從小看大，非是妄言；加上環境改造人——人該自律。

○歲月風霜，寫在臉上；市民農工眾生相——相有千般。

●天地寥落，哲人沉思；世間萬情心承異——異樣風景。

○道玄元始，天曰月星；地水火風精氣神——人謂三寶。

●道在何方，萬法唯心；心外無境外無心——心境即心。

○境外無心，全境即心；全心即境唯在心——心不離道。

●修道之訣，止念養神；靜心悟性參禪妙——妙在無念。

○善喜人知，謂為陽善；陽德福報了禍臨——臨因氣衰。

●善不人知，謂之陰德；陰善天報化災劫——劫無蔭裔。

○修道工夫，止念養神；參禪靜心而悟性——性明亡心。

●夫欲修心，湛純謂齋；肅然警惕謂之戒——戒除惡邪。

○浪猛滔天，流湍河曲；操舟掌舵易彼岸——岸上人智。

●世間人情，冷熱無常；至友結義卻永恆——恆久不易。

○功業有成，時不浪費；名教竟在廁內悟——悟看馬丁。

●市井小民，稱斤論兩；曰掙些微活家口——口腹難飽。

○世襲財富，紈綺不饑；游手好閒難享久——久用人恥。

●心平氣和，理智則明；粗魯暴躁性難順──順無易禍。

○千峰萬壑，奇峭壯麗；冷霧濛濛畫圖景──景比黃山。

●黑道輓歌，人生哀嘆；徒吹英雄老大悲──悲誤歧途。

○蔣公夫人，宋氏美齡；廣建眷村庇榮民──民恩澤德。

●政府遷台，滿目瘡痍；軍民食衣皆貧無──無中生有。

○正邪之路，當慎選擇；善惡之門知開關──關由人判。

●情感道上，紅塵萬般；若不看遠愁難解──解由自淡。

○不量自短，豈尋煩惱；萬事難由心意想──想當客觀。

●肯定自我，走出陰霾；莫為缺點增煩愁──愁無快樂。

○大道無情，情因自生；生為萬物皆有情──情宜淡處。

●書法妙訣，端在執筆；筆直拇指屈曲力──力道透紙。

○身體沒氣，死屍一具；回歸塵土再輪回──回前修知。

●不關風月，何涉美景；山非山水乃人生──生活現實。

○現實生活，面對迎接；本乎天良處人生──生不損人。

●生不認命，苦惱一生；力盡無成歸諸天──天何負人。

○受挫不撓，一本初衷；勇往奔前是人生──生無負心。

●姊弟之情，手足之誼；葉群之女責家人──人無人性。

○宇宙萬象，人世百態；正反相倚陰陽和──和平睦處。

●貪求太甚，擁有過多；可知人間無衣食──食豐傷胃。

○物資加法，享受減法；體驗世間苦甘情──情透潤心。

●睡前洗腳，促進血液；放鬆肌肉助安眠──眠在秋冬。

○心境快樂，常享豐誕；終日煩愁錢多憂──憂去心喜。

●勞中有逸，逸中有勞；勞而不逸人何為──為昧人生。

○逸中習勞，生有意義；勞而不逸何知生──生習勞逸。

●錢要自賺，始知艱辛；恥承祖產昧明勞——勞而後用。

○工作壓力，人生愁煩；若無悟性誰解脫——脫由洒脫。

●盡己之力，賺有義財；施捨所餘為辦學——學研成材。

○人類疾病，何曰能無；設專機構究研生——生比洛校。

●人生在世，當益人類；做個創研發明家——家益人利。

○書不讀死，有想像力；身心正常美人生——生不害世。

●萬物之內，物內之人；人在物中要益人——人宰一切。

○敵人固敵，但可為友；友固是友難免敵——敵化做友。

●做中國人，固論仁義；不講道德要反化——化難人性。

○生活體驗，世間萬象；人齡有限心無極——極天何涯。

●任何專家，通悟萬物；專搞一門難悟般——般般千秋。

○敵人犯罪，無法原諒；強大入侵反敗弱——弱扶化友。

●地球人類，只有和平；互容族教通婚安——安樂無敵。

○流氓江山，江山流氓；千古流氓難治國——國必動亂。

●毛去鄧來，來理江山；江山有幸見青天——天人交歡。

○浮世男女，難離食色；追求愛分生活情——情後慘哀。

●正常人生，正常工作；莫為浮華亂了心——心迷難人。

○人生愛離，萬莫傷害；互道祝福美前程——程建暖窩。

●散漫懶惰，生活失緒；心無所依酒澆愁——愁後尤愁。

○女看男人，錢包諾言；共築家庭打拼力——力建美滿。

●照顧鼓勵，男女共想；情愛場合難真心——心許同守。

○慾望滿足，一時肉體；玩世不恭非人生——生要藝術。

●驀然回首，天地變色；人生道上甘苦有——有當自省。

○體保健康，不可懶惰；身展運動遠痠痛——痛無心樂。

●人生快樂，是在家庭；和睦相處夫婦情——情不疑情。

○家庭兒女，管教情理；縱然財富莫傲貧——貧味知法。

●筆直指實，掌空臂平；身挺心正臂半腳——腳平畫寂。

○動手握劍，劍拔出鞘；剎那同時似完成——成非今雄。

●但見體斜，幾乎貼地；飛身直取對方人——人世紛爭。

○您那一指，是什麼指；驚告亂指惹人辱——辱看私園。

●豪宅高樓，門禁森嚴；私家林園路公行——行莫入宅。

○地球之最，中華之榮；一〇一樓五〇八——八方仰望。

●海天佛國，普陀山奇；國父登臨現奇景——景迎海樓。

○白天演完，夜戲要上；從生到死無時休——休非心閒。

●滿山落葉，鳥鳴谷幽；花褪殘紅風光無——無時非禪。

○天長地久，曾經擁有；愛情滋味深淺嚐——嚐無遺憾。

●蔣公夫人，宋氏美齡；戰時婦聯縫征衣——衣送戰士。

○人生猶畫，鮮麗彩艷；歲月刻痕漸褪色——色似飛花。

●時間隱形，超級殺手；慢慢吞食生老朽——朽化飛雲。

○硬石鋼鐵，難損之物；嗚呼時間是殺手——手段無情。

●宇宙歲月，萬億萬年；人猶流星穿隙過——過留痕跡。

○大地風景，萬物點綴；星球日月草木人——人宰宇宙。

●廣植辣木，天然食品；強化血管營養高——高宜多食。

○萬物殺手，莫過時光；世上作客皆短暫——暫留永恆。

●江山美麗，峰嶽壯雄；地球表象易變移——移今昔古。

○文字功用，記載今古；抒發萬情心痕錄——錄人間事。

●發明文字，族有不同；只有中華人用多——多超英美。

○舉要治繁，帷幄制勝；標清務遠同酌和——和諧人事。

●殖民主義，被殖民者；東西觀點炯不一——一中太平。
○人類生命，綿延千秋；萬物榮枯自然情——情惜奉獻。
●身為代首，謀利萬世；兒孫學習數哲詩——詩畫技藝。
○嫻熟史地，精明文物；瞭望台前察世情——情寫今古。
●東西聯盟，南北和好；地球一家大同現——現合中華。
○族教不婚，首當打破；華語普化育人類——類無分別。
●人類居址，何分族地；任意遷徙無國界——界非地球。
○地球土地，人人可住；何分國別種族因——因莫為私。
●麒麟飛翔，鄉關何處；大唐帝國中外人——人族一家。
○至公無私，鬼神欽敬；存心行善達天庭——庭前慶功。
●孝悌忠信，人生當本；禮義廉恥國之維——維繫倫常。
○中開普渡，修赴蟠桃；皈依戒守心相空——空性回天。

●綱常人道，忠孝為先；守戒防慾重禮義——義薄雲天。

○善行克己，神護感應；代天宣化福果報——報在身畜。

●光明大道，行人多走；黑暗地獄不入好——好好做人。

○一卷經書，學要精行；佛祖菩薩必然成——成道為神。

●道鐘警明，聖神諸佛；上至瑤母下護駕——駕前神著。

○今夕何夕，斯時何時；江樓月夜虔悔情——情捨邪念。

●年少別家，親友贈言；騎馬歸來莫爬回——回當榮楣。

○河山不幸，詩人何幸；賦到滄桑句便工——工要琢磨。

●人從台北，飛舊金山；十二小時兩地遊——遊玩東西。

○身從天上，跌落世間；反自人間回天上——上下幻想。

●瓊樓玉宇，天堂美景；貧窟市井斤兩計——計上飛高。

○金無種子，生勤儉家；錢不長眼唯技得——得因人求。

●時間殺人，甚於刀劍；刀劍難敵空氣污——污穢猶槍。

○想您是我，怨您亦我；敢忘敢恨也是我——我何有我。

●您是何人，我又何人；您我何人而何人——人無其人。

○時空當中，人何定位；創造歷史藝術家——家國有幸。

●人類文明，起源何時；東西論點各不同——同爭文明。

○開懷大笑，笑可除疾；笑樂皆賽笑死人——人皆愛笑。

●辣木神奇，營養豐豐；人類之寶不可缺——缺補健體。

○細胞之微，宇宙之大；光明黑暗天地人——人生迷悟。

●陽光賦予，地球生命；火是人類起根源——源頭光明。

○不二法門，默然無言；沒有文字進佛道——道法不語。

●不著一字，盡得風流；羚羊掛角豈可求——求不二明。

○一語失人，一言喪邦；口吐一句當慎出——出不害世。

●陰陽交歡，莫逾情融；衣食足矣男女媾——媾莫損身。

○生男育女，天地交合；男女濃情交歡樂——樂知節慾。

●春泥夏土，秋花冬雪；驀然回首白髮霜——霜何人生。

○散文人寫，道盡私密；則自隱情皆入筆——筆有粗細。

●小說撰書，自躲屋內；讀者門外難窺情——情不人知。

○物種競存，人類互助；本此原則天下安——安無紛爭。

●社會國家，互助為體；道德仁義互助用——用為則昌。

○民有道德，始成國家；人本仁義則立業——業成於信。

●人類進步，品格高尚；減少獸性增人性——性不作惡。

○智者愛書，愚者惜錢；智者競讀愚勞力——力耕生存。

●知識經濟，取代工業；全球經濟代國家——資取社會。

○水涵天影，煙波澄心；浩氣壯闊日月潭——潭島光華。

●印弟安人，華裔去美；白零海峽渡阿拉——斯加徙居。
○做人莫用，口才利器；威勢為戈思後果——果報當悔。
●驕傲之人，絕難知恩；人懂知恩始情義——義有惜情。
○有男無妻，則不成室；有女無夫不算家——家有男女。
●人生光榮，是失敗後，屢挫屢起為英雄——雄仆站立。
○中華文化，做人為先；人道做好再創業——業立毅力。
●江湖道上，風風雨雨；恩怨情仇殺伐多——多遠涉入。
○由近而遠，略古詳今；今古皆述說分明——明史中外。
●恩怨情仇，進出循環；地球舞台演不完——完了獸演。
○別人看透，他的眼神；心事所想竟測明——明白相告。
●萬物之情，人最難解；心性變化隨境異——異因事染。
○善哭會笑，粗獷爾雅；境因有異位不同——同難其人。

●人生之生，性各有性；性既不同行難一——一必以律。

○薑酢排毒，食防感冒；血液循環可促進——進而體健。

●罹憂鬱症，排除之法；工作疲勞少思煩——煩必生疾。

○清談誤國，閒話廢事；玄學性理天地人——人世無益。

●人蔘木耳，海帶山楂；黑芝麻強化心臟——臟弱多食。

○胸懷宇宙，心包太虛；遨遊六合三千界——界無所界。

●剛愎虛驕，浮薄輕佻；批鬥謾罵無格調——調子要高。

○你看風景，風景看你；站在樓上人看你——你我看景。

●元首不大，鄰長豈小；心存益人皆世雄——雄難偉微。

○景色清幽，瑯琊峻拔；黃山之後無別山——山在皖滁。

●山行十里，亭影不孤；翁去千年醉猶存——存於瑯琊。

○月光落日，灰飛煙滅；朝暉夕照憶戰痕——痕生難忘。

●亡人之國，國為人亡；和平戰爭是手段——段分仁暴。

○盆魚檻獸，污穢囚獄；虐待淩辱慘酷情——情惜犯乎。

●有被截斷，重新縫合；細針密縷須耐性——性燥難工。

○七十未老，八十何翁；九十不耄百豈頤——頤心童稚。

●酒色財氣，難稱四大；地水火風佛謂空——空皆質無。

○協和萬邦，親睦善鄰；和平共處國交則——則無難信。

●國立於世，不容人侵；裁判戰爭聯合國——國備兵戰。

○胸懷悲憫，難雪沉冤；徒有雄心無力拔——拔當效俠。

●父素反對，他卻抽菸；母為贊成偏不做——做子叛性。

○年年今日，觀賞花草；處處歡心玩山水——水中仙子。

●人生是夢，中含悲歡；行有苦樂何自哀——哀非悟明。

○天灰濛濛，地陰沉沉；塵煙污濁今何世——世人遠離。

●詩品空潭，映瀉明月；文章寒水發春華——華為人賞。

○付出心血，認為結情；代價收回始值得——得無傷情。

●往日情懷，未來美夢；自茲忘掉從零起——起應落實。

○時光流淌，兒女遠去；老伴不在身影孤——孤哀難悟。

●雪壓群峰，覆蓋冤恨；銀裝素裹千嬌媚——媚豈嬈乎。

○遼闊天空，雪飄舞台；獨釣寒江簑笠翁——翁為雪友。

●親情人情，物情心情；凡是留情情無情——情難為情。

○情為人死，死為情終；一生為情情忙情——情無所情。

●短暫歡聚，閃光一晃；歲月萬年何必戀——戀情心哀。

○百年歲月，忙中度過；人生時光誰知惜——惜悟已晚。

●峰頂遠眺，心曠神怡；風月江山何須買——買下情懷。

○人貴於人，是貴勢權；人賤於人賤無德——德以權施。

●當代人物，何只千萬；五百年後名留幾——幾無德難。

○人生聚散，何惦情懷；回首策馬嘆今昔——昔情當忘。

●中原逐鹿，豪傑蜂起；英雄得失不計心——心存德念。

○收拾雄心，消去俗愁；一邱一壑哦吟詩——詩情潤心。

●胸中邱壑，腕底風雲；山川景物畫筆得——得其蘊情。

○胸中自蓄，陰符潛在；何與時流競俗名——名傳後世。

●百歲日月，人易老去；半世風霜孰洞情——情得自心。

○逐鹿風霜，志在四方；男兒何必戀家山——山皆埋骨。

●人宥現實，難脫困情；身不塵寰誰低頭——頭適環境。

○年老志沉，常想不開；顧前慮後心灰冷——冷無去開。

●將心放下，冷眼旁觀；塵海幾人能看開——開悟不爭。

○虎口拔牙，膽大包天；不入虎穴焉得子——子畏險懦。

●花花世界，何人不戀；惜人歲月生有限——限因身朽。

○標榜清高，難謂清高；自認卑微豈卑微——微非自微。

●布衣固尊，文字尤貴；誰謂賢豪不崇仰——仰其高節。

○早去晚去，都是要去；去當灑脫何悲哀——哀無念佛。

●人性貪欲，猶貓聞腥；貓不吃魚世上少——少難心滿。

○舞台戲演，忠孝節義；昔曰人物好壞有——有分臉譜。

●世物固美，人難久享；有限之年為錢奪——奪因難足。

○人皆自詡，是個好人；好人標準心無愧——愧不人愧。

●古聖先賢，為人規範；做人原則本維德——德生良知。

○倦鳥歸林，尋個樂窩；官場失意隱田園——園藝陶心。

●成功道上，多得歌頌；失敗途中無人理——理得道義。

○雨花雪花，霰花泡花；人生旅途灑落地——地不為跌。

●般若智慧，澄明內心；滲經著痕變世俗——俗先除痕。

○訴諸情緒，弱點暴露；交付理性顛不破——破難堅實。

●厭倦人生，多因負荷；為情挫折業失敗——敗選另途。

○立馬天山，威震歐陸；鐵騎驚踏謂黃禍——禍非中華。

●燭花燈花，火花心花；園中夜晚開滿花——花為人亮。

○坐蹺蹺板，盪搖鞦韆；乘上電梯如意得——得似人生。

●在世故舊，凋謝怠盡；他日相頌莫相殘——殘人不仁。

○戰忌仰攻，事忌彌縫；人忌揭私心忌弱——弱怕人破。

●枝不人斷，樹漸茁壯；翼如被翦鳥難高——高因羽豐。

○憂患愈深，心情平和；閱歷越豐知冷暖——暖融人情。

●信心莫失，則得生命；勇氣不喪有未來——來日方長。

○聚散無常，盛衰相因；人生繽紛紛零落——落花惜情。

●短視眼光，只顧目前；放眼環宇危險生——生為環保。

○朝朝暮暮，經營生計；昧昧昏昏白了頭——頭宜早明。

●心胸偏狹，不能容物；人難容物人不容——容人心曠。

○人固不幸，世不幸多；身雖孤寞非寂想——想人不如。

●變中有常，常中有變；虛中有實實中虛——虛實相生。

○人性之善，如日常照；人性之惡雲掩月——月無影明。

●急急忙忙，苦苦追求；寒寒暖暖度春秋——秋冬日短。

○流水年年，春日似海；含嗔一笑艷如山——山麗妖媚。

●無可奈何，不得不爾；情不自禁任去為——為發正義。

○塵世想開，俯咎於人；久病孝難親友疏——疏因難替。

●讒陷挑拔，蒙藪誤導；身為統御應知警——警人揭己。

○有才無德，反足濟惡；有德無才可致善——善出純念。

●功夫不一，何止千萬；唯以養性居為首——首先練得。

○儒論仁義，道論逍遙；佛說緣起因果生——生本循環。

●人愛過年，年為人過；想不想過都得過——過難久過。

○事錯檢討，晚固為晚；知能警心猶未遲——遲不無視。

●萬般難鳴，只業隨身；塵海平淡度一生——生知濟世。

○用筆在心，心正筆正；筆正練心正心始——始以心師。

●才德兼備，用於盛世；德遜於才亂世多——多因倖進。

○招禍之首，莫逾動性；福得之趣在知惜——惜明保享。

●羞辱污衊，惡意中傷；為明是非故辨駁——駁因不實。

○權力猶虎，騎上難下；貪欲如蛇阻反咬——咬人自咬。

●錢可環遊，難買胸闊；錢買物質難生命——命高於錢。

○蘆葦壓傷，但不折斷；燈火將殘小吹滅——滅不費力。

●舞台人生，悲歡離合；曲終揮手彩雲飛——飛去難尋。

○滄海傷情，落日難返；悠悠歲月容顏老——老不心老。

●世上不幸，苦難人多；惟以慈悲待世情——情得安心。

○錢可珍味，難買味口；錢買服飾難氣質——質重於物。

●錢可保險，難買平安；錢買醫藥難健康——康強由己。

○錢買大樓，難買幸福；錢買娛樂難享受——受潤心靈。

●在塵海中，載沉載浮；演扮角色面具多——多昧本性。

○春雨和煦，大地滋潤；普施無怨是乾坤——坤皆愛人。

●家事心結，人事心結；國事心結都要解——解難其解。

○血肉凡軀，沉淪慾海；酒色財氣填滿心——心染塵寰。

●無病日子，忘掉幸福；有疾身體始知苦——苦無保健。

○紅樹青山，斜陽古道；桃花流水福地天——天人通情。

●忘掉紛擾，丟去機心；翠竹碧水亮麗情——情得自然。

○山川西望，紫雲白鶴；貯看桃花溪水流——流去不返。

●人在江湖，難不狂語；置身塵海貪欲多——多付情義。

○骨質鬆疏，腰膝痠軟；背駝不直身彎曲——曲補鈣鉀。

●滋陰補腎，活血通脈；定五臟潤六腑膏——膏炖黑雞。

○桃花流水，杳然去焉；別有天地非人間——間是仙閣。

●沒得想得，得到怕失；不得怨尤人性欲——欲不執空。

○倏焉於古，倏焉於今；談笑移時成旦暮——暮難論止。

●何來戀情，難有傷感；心不執著是神仙——仙人凡修。

○名利情愛，糾結纏心；花好月圓永無期——期當擺開。

●踏過從前，看盡世態；始知現在真正好——好當珍惜。

○銅臭氣味，重過人情；世間溫暖相抵銷——銷因錢看。

●世生奇才，多有奇癖；挾技之能何不然——然因性嗜。

○荒漠枯樹，浮躁乏味；水中游魚任活潑——潑像狗性。

●春花秋月，夏風冬雪；無事心頭好時節——節由樂得。

○九五峰巔，象山暮景；萬家燈火照紅塵——塵煙難消。

●風馳電掣，萬物飄逝；歸心何處人過客——客居無常。

○人看青山，多麼嫵媚；青山看人樂陶陶——陶情兩得。

●貧苦無告，年關難過；除夕躲債去看戲——戲演天明。

○抱恨終生，負屈黃泉；心未宏展世何多——多因際緣。

●視為珍寶，人斥怪異；觀點不異看投情——情因性同。

○大事難為，大牌何易；人性自由任發揮——揮得以志。

●以筒索萬，麻將遊戲；三元四喜世人愛——愛恨看演。

○理想上帝，從心所願；可愛神祇祈求得——得因自得。

●物質富有，心靈充實；兩者兼得人生願——願不虛度。

○元老自況，政佐主謀；驕橫跋扈恃功高——高危速亡。

●身富人親，家窮狗守；人德不打落水狗——狗性勝人。

○攬在局中，混沌不清；一言提醒夢中人——人經點明。

●無窮希望，人謂牌局；一場雀戰勝負分——分別人品。

○宥在親誼，性難灑脫；癡於愛情心被鎖——鎖解命險。

●憂患意識，不忘提高；難信陌生苦訴人——人得不謝。

○知識販賣，非是目的；文化傳承是宗旨——旨在發揚。

●老驥伏櫪，志在千里；壯士暮年心難已——已不氣餒。

○路行江湖，書讀萬卷；誰曰俠士腹無文——文以武飾。

●昔披戰袍，髀不生肉；閒散無成髀橫得——得嘆業未。

○德善罪惡，一紙之隔；凌閣烹鋸在心裁——裁定禍福。

●甜言蜜語，初聞心喜；話情離譜聽久厭──厭不符實。

○一切諸佛，視如一佛；一佛誠虔諸佛得──得因心佛。

●身披布衣，抱不凡骨；敢謂匹夫是俗人──人微心雄。

○腋挾五嶽，腳踏乾坤；準上頑童想遊天──天伴老母。

●冰清玉潔，蕙質蘭心；艷冠群芳似水仙──仙蕊惹憐。

○五欲六塵，世人貪想；德言功壽欲求多──多不滿足。

●新春如意，如意新春；剎那新春心如意──意非久意。

○世間何物，可催衰老；半是鐘聲半忙碌──碌碌人生。

●留住紅顏，難保青春；時光隧道去無回──回不逆流。

○壯志豪情，憧憬美夢；萬里江山酒一杯──杯分苦甜。

●公事私事，外事內事；家事國事天下事──事事關心。

○春天來時，比賽做夢；看誰幻想最美甜──甜先人甜。

● 豪情消去，天涯流落；歲月不再嘆奈何——何悔於前。

○ 為因犧牲，多少壯志；敢教日月換新天——天難符願。

● 錦繡年華，燦爛青春；長夢浮沉志消磨——磨去人生。

○ 個人利益，何放胸懷；群體福祉應置前——前不為私。

● 馬祖南竿，曾戍福沃；百年有幸圓台山——山伴白雲。

○ 朔風凜冽，萬花紛謝；冷香噴發惟蠟梅——梅開雪降。

● 志懷天高，命有紙薄；縱擁雄心時難濟——濟人積德。

○ 現實理想，永難交會；工作休閒應分開——開無人亡。

● 坎坷路上，患難互勉；人老痴呆相依命——命結誰先。

○ 僧無長物，惟有慈悲；心無別念只有佛——佛不外求。

● 剎那歡聚，留不烙痕；一時創痛意難滅——滅去無跡。

○ 英雄好色，自古為然；未必好色皆英雄——雄非其雄。

●萬里征塵，那堪回首；八千路遠嘆雲天——天心自定。

○以獨得靜，以靜生慧；由慧悟智智化明——明心見性。

●人算再精，難如天算；一生命運非前定——定靠善得。

○殘酷事實，勇敢面對；災變突降誰能躲——躲難須德。

●蘭生谷中，無聞自香；魚腥在市不聞臭——臭未非魚。

○世人非是，英雄好漢；惟有好色似英雄——雄人不雄。

●一椽茅舍，半畝荒田；揮手舞台人歸隱——隱世無擾。

○賸餘晚霞，殘留歲月；普地芳草多美好——好好惜享。

●呼嘯風濤，荒漠沙浪；讚吼嘘躁無蹤影——影去難影。

○灼熱沸騰，寒冷孤獨；喧嚷喋喋不復聞——聞何在心。

●貪婪自私，遠離情懷；爾虞我詐無機心——心皆快樂。

○清風明月，山水寄情；海闊天空翱翔遊——遊蹤萬里。

●才非千寶，雅愛搜神；鬼怪聊齋蒲松齡——齡勝寶才。

○扭傷挫敗，尋覓棲處；怒海孤帆避風港——港內容安。

●奉獻一切，為世讚美；硜硜自守為人譽——譽眾美己。

○雄奇險幽，山水畫廊；風光綺麗三峽景——景將湮沒。

●何須妄尋，桃花勝景；人本心淨自丹邱——邱不求遠。

○國親鄉親，無處不親；人親土親文化親——親如家人。

●斜陽餘暉，晚霞夕照；天邊彎月惜將落——落前反美。

○書視為寶，字畫當惜；生前著作子孫福——福留德言。

●耕農為活，經商果腹；僱人人工工廠營——營為生計。

○道似行雲，猶是流水；德如白露潤如風——風和日麗。

●夕陽銜山，烏鴉歸巢；雲霞彩虹夜色美——美麗人生。

○意求樂邦，厭離娑婆；心念一佛終往生——生謂脫死。

●清白磊落，遠離罪惡；光明做人靈不污——污當洗潔。

○人來世上，各有千秋；際緣獲得難相比——比幸不幸。

●遠行莫問，奇絕何處；東南西北野香來——來為心悅。

○無災無難，平安是福；有玩有賞忘愁心——心淨快樂。

●世情看淡，滲透認清；人知苦悲悟明死——死謂了生。

○身軀屬地，血流屬水；煖氣屬火動轉風——風謂四大。

●貪戀人生，愛慕世物；苦對情緣愁煩身——身化死無。

○世上人類，種族不同；黃白黑紅色有異——異不異性。

●儒以固窮，獨善理想；道以超然物外情——情得道然。

○三年小皇，十六遜帝；十一傀儡五年俘——俘因九年。

●巴黎塞納，河岸風光；心靈浪漫萬般情——情影雙映。

○有人生前，才沒憾終；無人歿後想揚名——名傳德藝。

●人物山水，光怪陸離；古典新潮看不完——完是人生。

○窮有骨氣，富知風味；活保尊嚴死灑脫——脫去塵染。

●醉裏雄語，驚為英傑；起來信手攬書看——看盡世情。

○歲月消磨，看人嗜好；塵海蒼生千萬別——別染惡習。

●法國巴黎，塞納河畔；聖母羅浮宮前眺——眺景旖旎。

○人因名利，忙累終生；心為悠閒忘世情——情合物性。

●夜月如玉，空山難花；雲來庭暗風吹斜——斜枝因風。

○天為棺槨，星作殮裝；物是祭品葬具全——全無牽心。

●超脫喜怒，跨越哀樂；不存毀譽成敗心——心無鴻溝。

○人造白醋，開水各半；腹瀉拉肚飲立止——止不忘飲。

●名詩巧聯，潤飾網羅；禪佛偈語知皆錄——錄因悟通。

○養身在動，養心在靜；養人在德養氣正——正直無邪。

●國慶邦興，人類聯歡；雙十光煇耀中華——民國千秋。

○功高傲悔，請罪為國；廉頗負荊藺相如——如知忍讓。

●冷眼旁觀，察宜明情；身置局中事難清——清以反心。

○餐吃海帶，食草決明；糖尿病癒高血壓——壓止常服。

●塵海人群，背景懸殊；性格複雜唯以誠——誠人先己。

○千里迢迢，送只鵝毛；禮輕意重人義情——情大於物。

●死有餘恨，世何千萬；歿無情愁難幾人——人去灑脫。

○雄偉亮麗，山勢嬌美；蓬萊仙境太魯閣——閣在花蓮。

●瑤池天峰，廣寒舞榭；蓬萊宮闕瀛洲閣——閣中仙子。

○學有專長，絞盡腦汁；探研科技福人群——群益眾感。

●人向前看，一片美好；身轉後瞧皆暗淡——淡因難挽。

○世人晚景，苦哀淒涼；心不曠達自悲傷——傷無性朗。

●從政之旅，無愧問世；軍轉閣揆剖心跡——跡論柏村。

○治史之難，難在失真；遠多不實近易偏——偏因有忌。

●智人自愚，愚是真智；愚妄稱智為痴愚——愚謙無愚。

○戲場人物，臉譜千秋；台上表演台下苦——苦因學藝。

●黃山之美，美在松奇；黃山之麗麗在險——險奇山石。

○心懷至上，殊勝妙地；身離無垢清涼園——園淨無染。

●人生於世，俯仰無愧；身死坦然心質天——天不瞞私。

○主觀衡量，客觀分析；建亭無愧誰苟同——同論伯玉。

●史以客觀，秉筆直言；是非恩怨不關心——心評正邪。

○懷有相才，但秉相器；持心如水量容船——船行無阻。

●平康出身，狀元貴婦；煙花名花賽金花——花拯生靈。

○韓愈送窮，江淹作賦；劉伶醉酒王粲樓——樓酒江韓。

●城雖有名，國人厭聞；黑海勝地雅爾達——達簽秘約。

○天清月現，朗照大地；淨化生命無塵染——染難靈空。

●皖南婺源，芙蓉祖塋；文公山上文公杉——杉植朱熹。

○熹父朱松，歸隱閩溪；遠離塵垢自淡樂——樂為課讀。

●飄蓬寄世，莫逾金花；毀譽縈身功無過——過為生計。

○天高地厚，源遠流長；醬佐鹽海園蓬萊——園醬源天。

●酒氣沖天，鳥聞化鳳；糟粕落地魚變龍——龍因味得。

○世俗知識，人學俱備；神佛智慧難悟明——明徹自性。

●成功階梯，沒有底線；失敗途程悟明得——得因心得。

○商場聞人，避禍異域；暹警劫殺劉成懿——懿開國畬。

●愛花賞花，花結情緣；百花深處賦英華——華人惜花。

○疏影橫斜，水分清淺；暗香浮動月黃昏——昏鴉晚唱。

●生以花賀，戀以花約；別以花贈死花葬——葬花惜人。
○沙皇夏宮，利娃第亞；羅邱史頭締密約——約在黑海。
●邏盜警察，非民保母；扮演強盜殺滅跡——跡屍華人。
○財不露白，地不是非；行不落單證照全——全可旅遊。
●滋蘭九畹，醉臥花叢；對花濺淚眠花憂——憂懷人生。
○護花憐花，讚花頌花；國人愛花代代傳——傳非口碑。
●隱居田園，植花養性；空門寂寞侍花佛——佛為花護。
○獨抱冰霜，映雪黛岩；一樹新枝報春歸——歸看梅花。
●國色天香，百劫千焚；蔑視聖命錚傲骨——骨為牡丹。
○若飛若舞，龍翔鳳翥；端麗俊秀逸淡雲——雲彩菊花。
●雲蒸霞蔚，天涯自芳；點點脂痕斑斑紅——紅歸杜鵑。
○玉膚冰肌，淡泊寧靜；裊裊亭亭泥不染——染非荷花。

●玲瓏綽約，凌波雪浪；縞衣仙子蘭儷情——情得水仙。

○人類萬物，來自自然；曇花瞬息開啟落——落前璀璨。

●姿態幽雅，避俗谷峭；澹泊高潔香始祖——祖指蘭花。

○閬花宮闕，絢麗佳人；傳入英倫舉國歡——歡賞月季。

●粉妝瓔珞，麗質卓絕；瓊笑珠香在山林——林中山茶。

○香飄雲天，秋風送爽；廣寒宮夜春山空——空落桂花。

●典雅綿麗，俊逸高瞻；古樸素淡色香形——形表花情。

○大觀園中，花之天國；淒絕風騷花喻人——人間天上。

●戀愛合奏，歌美讚頌；失戀獨唱悲泣情——情傷難人。

○能今休去，便得休去；若覓了時難了時——時不我與。

●握手相顧，誰敢遜言；雄豪刀劍腰間佩——佩斬妖邪。

○鄉梓田園，湮沒紅塵；親情海外望歸來——來詢腰帶。

●美麗流逝，曾經存在；未來幻夢將失去——去必復來。

○牆固城高，敵攻何法；洪武徵問劉伯溫——溫燕飛來。

●做人以品，為文以品；吟詩以品品論品——品無難人。

○鴉片戰爭，國弱暴露；知識分子心圖強——強途才備。

●年輕才高，多帶狂氣；氣含瞻顧難出頭——頭為折哀。

○讀書眼瞎，掙錢眼亮；失足歲月進退難——難在現實。

●之乎者也，不可馬虎；平上去入應推敲——敲明詩文。

○塵夢陡醒，萬物皆空；得悟天心合人心——心性不昧。

●視物如無，心必澄然；睹事生情人多累——累因負荷。

○姣花照水，弱柳扶風；煙眉含情勝西子——子心多竅。

●濟公聖師，恩賜仙果；慈悲分贈徒皆得——得在甲戌。

○而立不惑，五十知命；六十耳順七心欲——欲不踰矩。

●塵世悲歡，離合惘然；人間聚散總因緣——緣由因生。

○河海汪洋，清澈浩瀚；溝溪漱流澄淌滴——滴滴沒浪。

●戲藝寶庫，絢麗朵花；大別山麓採茶歌——歌在黃梅。

○忘年不老，忘心無愁；忘情難苦忘憂樂——樂因煩忘。

●空臨北京，俯皆霧雲；飛返台北望消散——散看焦唐。

○堤築欠固，沖破必然；幸江新會焦唐談——談點技術。

●蒼蒼莽莽，漠漠淒淒；劍外關山誰識雄——雄志難伸。

○傷痕彌平，抹掉宿怨；事讓一步難留恨——恨人不德。

●分家之飯，好男不吃；嫁時之衣女不穿——穿由自織。

○天高覆山，地厚載物；日月朗照江海容——容包清濁。

●人生之旅，身無遺憾；官途之旅心不愧——愧難為公。

○千好萬好，沒錢難好；人好心好物更好——好己好人。

●春夏驕陽，秋冬霜雪；品茗時節無日免——免少滋味。

○人之理智，常受矇蔽；人之思想因境移——移無志立。

●人之將殞，面對死亡；身之未歿勇敢生——生得福樂。

○桂河大橋，浩劫餘生；裴瑞包爾著作人——人記曰俘。

●朝思夢想，為人著想；人前人後不負人——人負難人。

○自不生氣，莫生人氣；氣人氣己皆非宜——宜人宜己。

●青山綠水，人愛擁抱；環境維護皆有責——責不容委。

○日不氣惱，口不惡言；人處和睦心本善——善得幸福。

●齋戒沐浴，焚香禱告；佛前誦經淨心靈——靈修神靜。

○善因惡果，惡因善果；善惡顛倒是非轉——轉由前種。

●唐詩宋詞，陶冶心情；消愁解悶細細讀——讀潤靈性。

○語言錯亂，衣飯難理；屍居餘氣形神離——離為懿計。

●人看人忙，其忙我何；身為事忙心不忙——忙無其忙。

○人守一語，行之終身；心悟一偈竅門開——開悟明性。

●聖賢仙佛，天人交會；瞑想忘我心靈淨——淨悟本性。

○忘掉假相，悟出真我；閉目瞑思見性明——明心靈淨。

●身近繁華，易染繁華；心接清淨入清淨——淨心靈明。

○人得貴顯，心不貴顯；身在江湖無江湖——湖難染塵。

●神不守舍，坐立不安；事擾於心人焦急——急無定策。

○人之生活，皆不離道；人之行為當守則——則離難人。

●聆聽法語，滋潤心田；慧智頓開悟禪心——心明神淨。

○心有慾念，人有輪迴；仙無塵擾無生死——死後靈昇。

●半畝方塘，一間茅舍；天光雲影共徘徊——徊曰憶往。

○現實理想，兩者兼顧；水車哲學徐水德——德己德人。

●金錢節制，則以致富；情感節制可珍貴——貴在人用。

○知識傳承，古今有別；人類傳承代代新——新莫忘舊。

●學道修道，行道辦道；宏揚大道早成道——道回鄉道。

○年年日日，歲歲月月；老老少少少老——老被少湮。

●富貴驕人，固然不善；學問傲人害豈淺——淺難探深。

○情緒節制，能以養氣；飲食節制可長壽——壽得知儉。

●人之本能，潛力無限；人之身體供有盡——盡分長短。

○踏遍殘山，飛越高峰；誓把娑婆化白蓮——蓮花淨土。

●酒色財氣，功名利祿；塵世人類皆迷性——性悟超凡。

○白髮秋吟，天音天籟；九洲四海心聲傳——傳有佛緣。

●南屏曉鍾，震驚宇洲；白陽世外桃源境——境皆佛子。

○南屏山上，人間淨土；龍華會晤老申娘——娘心慈悲。

●以道為貴，以安為富；德人常泰無不足——足以心滿。

○貪嗔痴疑，煩惱苦悶；敢以慧劍斬無痕——痕去難痕。

●道是法船，錢是活水；船若無水那能行——行渡眾生。

○明師一指，千古難得；踏破鐵血尋有緣——緣來莫放。

●暮鼓擊動，震撼神州；人間天堂在南屏——屏山靈秀。

○國人心頭，柏林圍牆；兩岸障礙何時拆——拆無難合。

●覓心無處，始能安心；自性具足復何求——求外難得。

○下達以言，上達以悟；覺者仙境執迷苦——苦境早脫。

●離合之情，興亡之感；悲歡之淚成敗苦——苦歷酸甜。

○難民高牆，勞改營籬；監獄房圍囚千秋——秋冬寒霜。

●健康步道，飯後莫踏；走過飲水百病除——除得經常。

○收圓先收，自己之圓；自性佛光修圓滿——滿足功德。

●海底珊瑚，千奇百怪；萬般魚類令驚嘆—嘆物造玄。

○惡跌斷腿，識者遺憾；為啥連頭沒摔壞—壞受人咒。

●難民淚痛，筆難傾述；潛離祖國異域客—客地無生。

○人到死別，忘掉痛苦；歡喜心情去涅槃—槃境美麗。

●有形有相，母親非中；老中是指人自性—性為⊙點。

○南屏道場，中殿建成；稱為自性天良殿—殿供眾修。

●人老痴呆，飽食多憂；心愁神鬱不運動—動必常動。

○數千年來，統覽史乘；兵革屢見中國情—情未民主。

●滿足現實，必定落伍；進步衝刺定得先—先人成功。

○歲月像劍，塵世雄豪；金光刀影誰力敵—敵難取勝。

●地球人類，本是一家；世界聯邦將實現—現出大同。

○體外生殖，基因工程；人類綿衍何假女—女腹為主。

●國人正氣，脅誘不屈；民族英雄文天祥——祥歌千古。

○萬事縱隨，流水逝去；善惡分明報不爽——爽約難神。

●晚上月來，早晨月去；十五像餅初一瓜——瓜影難飢。

○獨裁衰退，民主發皇；放眼環球望自由——由民主宰。

●南極北極，東西半球；朝發夕至一曰遊——遊蹤萬里。

○太空星球，有無人物；搭橋溝通相往返——返以梭船。

●紅塵有情，勿須看破；物為何憎因無愛——愛心普灑。

○人一謙卑，天就賜恩；心一驕傲祂攔阻——阻您成功。

●為善不彰，天當護佑；無施自德神必譴——譴報非義。

○噁心排斥，皆非所宜；萬靈丹藥身上尿——尿治百病。

●火車汽車，普通車上；人魚沙丁位難得——得尊自德。

○南屏山上，天道道場；老申收圓在人間——間皆淨土。

●無限辛酸，滿懷欣慰；驚濤駭浪順風帆——帆起安渡。

○江湖路上，豈說途程；眼前酒友難散空——空難義情。

●文革暴亂，武鬥慘死；高舉戰果亮屍展——展校止課。

○尿為人寶，腎臟過濾；較之血液尤清潔——潔飲病除。

●自大不大，人大則大；自尊不尊人尊尊——尊人尊己。

○在膝蓋上，掛只暖壺；人之水瓶比腳高——高歇後語。

●國蘭種類，分報歲蘭；寒蘭春蘭四季蘭——蘭香稱王。

○生死關前，坦然自若；輓歌自唱性靈昇——昇得懺悔。

●有為法相，夢幻泡影；靈妄妖邪豈久長——長為正道。

○藉法哄人，聖言相違；運術妄想謂邪道——道非真道。

●兩袖空空，生無置產；身世清白遺後人——人當知守。

○緣非永遠，情難久在；看有似有皆空無——無空難有。

●物為真有，體像存在；形為假無終消失——失又復得。

○聖人之道，唯有義正；守之則貴行之利——利盡天下。

●修身立命，超生了死；守住倫常謂正道——道成天上。

○塵世人性，圖謀名利；攀龍附鳳心常情——情移不計。

●人活百歲，認為算長；宇宙過客像流星——星光一閃。

○你是人子，人為爾父；父子名別終空無——名倫塵世。

●儒論名實，佛認虛無；道本清靜人性空——空虛虛空。

○道無正邪，邪有非道；人邪道正道難正——正道難邪。

●正人行邪，邪法歸正；邪人行正正法邪——邪正看人。

○當機立斷，猶豫則敗；速則制人遲人制——制人於先。

●勒馬懸崖，拔足激流；陣前收兵深思考——考慮成敗。

○人之性理，來自理天；純善無惡本然性——性之本來。

●性理天道，昔未普傳；單傳暗點三教主——主為指明。
○舟行大海，無舵難遠；萬物滋長賴陽光——光照潤苗。
●聖人之言，發之於性；聖人之性出於天——天生三聖。
○常斷不斷，反受其亂；畏首畏尾身餘幾——幾無可存。
●本然之性，謂之道心；氣質之性謂人心——心被物蔽。
○天堂地獄，只在迷悟；迷凡悟聖人佛別——別看覺明。
●在天為理，賦人曰性；性理心法不明傳——傳之暗點。
○得自聽聞，親眼目睹；採擷古籍自創作——作為聊齋。
●情懷愁悵，念年江湖；雄心固蓄人將老——老不餒氣。
○人之性理，是本面目；先返人心為道心——心修方法。
●人心消滅，道心恢復；待師傳授明究竟——竟知歸真。
○性為人具，迷真逐妄；流浪苦海須明師——師點覺醒。

●要想長壽，辭掉苦煩；歡喜之心請進來——來享人生。

○人溺己溺，人饑己飢；地球村內貧寒多——多付愛心。

●陽光夕照，彩霞滿天；無情帶走世友親——親難久伴。

○降生之後，性被慾矇；有善有惡氣質變——變無道心。

●性在身存，性去心亡；性是靈虛無形象——象難知有。

○性理心法，不著文字；以心印心難言傳——傳非以痕。

●豐衣足食，腦滿肥腸；身藏室內不運動——動無短命。

○曖昧淫穢，挑逗煽情；紅塵滾滾夢情人——人看噁心。

●赤裸羔羊，閣樓俏妞；妓女警探變色狼——狼心無仁。

○談判溝通，解決問題；折衝樽俎辯無礙——礙難完成。

●運落紅塵，命度乾坤；印證師德悟知音——音傳有緣。

○天無二理，聖無二心；三教聖人本救世——世皆承德。

●心懷五常，以養浩氣；行住坐臥守道心——心本慈德。

○無緣不度，無信不度；無愿不度人得度——度上理天。

●婆娑之洋，美麗之島；東海蓬萊仙人居——居皆華民。

○免板生地，淮山寄生；澤瀉山茱牡丹皮——旱蓮草藥。

●鄉梓山水，縱無美景；一草一木皆含情——情戀童年。

○儒以忠恕，釋以慈悲；道以感應耶博愛——回以仁慈。

●降生在世，心分三種；道心人心血肉心——心善無惡。

○人若有緣，遇佛出世；生如無緣佛涅槃——槃得慶幸。

●冬不僵屍，夏不腐臭；明師一指死如生——生前勤修。

○文人儒士，游於釋儒；禪趣佛語入畫詩——詩味淨心。

●佛語謂塵，煩惱總稱；泛指人間貪嗔痴——痴有皆苦。

○人與萬物，萬物與人；圓融無礙豈爾我——我有靈性。

●蓬生麻中，不扶則直；白沙在泥與俱黑──黑因感染。

○早睡早起，營養均衡；休息運動勤唸佛──佛心淨性。

●雪擁窗前，郊野銀白；數點梅花天地心──心淨湛然。

○儒釋長處，分析心性；直透精微不含糊──糊難切明。

●滅去煩惱，忘掉生死；心無罣礙見真吾──吾之本性。

○青取於藍，但勝於藍；冰水為之寒於水──水冰雲凝。

●居當擇鄰，遊宜就賢；得防邪僻依中正──正人以德。

○東北淪陷，抗日軍興；內戰搏鬥流亡群──群哀無依。

●越王勾踐，亡國嘗膽；失地吞膽遼臺人──人渴復土。

○人若有恥，則可以教；生如聞過可為賢──賢得改正。

●生意之前，合夥經營；折夥之後仍當友──友不損情。

○電腦和尚，有口無心；終日唸經超眾生──生當感德。

●輕視癬疥，身將潰爛；藐鄙星火終燎原——原野受害。

○敵進我退，敵停我擾；敵疲我打敵退追——追側擊潰。

●人之不幸，因不聞過；生大不幸為無恥——恥有可人。

○萬事不難，難則做人；何事不易人不為——為之無難。

●人年愈老，身貌愈醜；樹齡愈大形愈美——美因堅奇。

○昔日威風，八面逞雄；今猶老虎掉了牙——牙無難豪。

●在戰略上，以一當十；在戰術上十當一——一弱十強。

○去病良方，莫過悔悟；不改滯留藥發病——病無人貴。

●中國國姐，選出二秀；山東一秀晉一秀——秀聯徵對。

○高貴大方，婉約溫柔；沉魚落雁嬌美人——人男欲得。

●守齋刻苦，祈禱捐助；回教天主持戒律——律徒遵行。

○萬木霜天，風煙滾滾；霧滿山巒沖霄漢——漢江哀鳴。

●鳥躍長空，魚潛水底；萬類霜天競自由——由性任為。

○世事無常，何苦執著；塵海煩惱當丟開——開心人樂。

●青海柴達，民居鹽房；愛司基摩住冰屋——屋寒人暖。

○嫻淑體貼，善解君意；閉月羞花慧麗人——人渴望擁。

●歲歲年年，年年歲歲；人生易老天難老——老有何悲。

○蒼山如海，殘陽似血；長空雁鳴霜晨月——月照穹蒼。

●人生有涯，知本無涯；體命有限知無窮——窮難大千。

○夢死得生，夢穢得物；心有所感實相反——反凶為吉。

●外養活氣，春意盎然；內撐兩根窮骨頭——頭角崢嶸。

○功名富貴，子孫滿堂；貨物財錢難謂福——福田心感。

●葉落院中，清晨打掃；心上污垢每日除——除無必穢。

○幼齡路長，年邁路短；路多路少有盡頭——頭尾跟至。

●看破心間，無事太平；登高望遠自在行——行正祛邪。

○慈悲為懷，渡眾為念；道心為向無凡情——情有難聖。

●想不通時，欲生欲死；想得通時可生死——死生由心。

○燈光雖亮，不透人心；日月縱明難心燈——燈亮見性。

●錢可以共，功亦可共；利固可共權難共——共命難共。

○德曰戰敗，英美援興；兩岸分裂以愛溶——溶合必強。

●心保清靜，心本慈悲；直昇理天無關口——口卡心設。

○志士惜年，賢人惜曰；聖人惜時禹惜分——分秒皆爭。

●因緣起落，總是含苦；共業多少皆有結——結當了愿。

○耶穌證道，五教同源；主臨萬邦世祥和——和平相處。

●苔依翠屋，樹隱丹楹；澗山浮影傳澗聲——聲聞寺僧。

○金烏玉兔，穿梭起落；時光荏苒春秋過——過往雲煙。

●看淡人生，心靈早悟；奢求愁苦難自性——性明解脫。

○性海無波，勿翻千丈；心地平靜克萬障——障有難修。

●以心中眼，觀心外相；何有何喪辨真妄——妄難看清。

○奇峰疊起，怪石嵯峨；林木蔥蘢石泉奇——奇看棲霞。

●心存有佛，自然有佛；佛光滋潤莫枯萎——萎凋難開。

○滾滾塵世，終付東流；縱馬策鞭轉眼去——去看英雄。

●識破空花，塵世情緣；放下昨夢幻浮名——名執難佛。

○磨煉凡心，現出天心；行功立德龍華會——會定果位。

●希望幸福，遠離苦難；行為善惡定好壞——壞果前因。

○情是隨緣，緣生好壞；累世善惡種因果——果業自了。

●緣聚以生，緣散以滅；長住不變世間無——無有永恆。

○想影響人，得先律己；自不能正難別人——人後己前。

●寒鴉點點，高樓望斷；苦酒難解中心傷——傷徒不悟。

○驅風白花，保心安油；中風灌油在口中——中人不風。

●靜心只是，沒有行動；只是存在純喜樂——樂由無生。

○金剛經云，無住生心；事情做了忘掉它——它是煙塵。

●佛陀說法，四十九年；最後有謂無字云——云云豈云。

○佛門大開，緣不類別；天道無私難貴賤——賤人反貴。

●當面識得，韓仙湘子；爾後易逢呂洞賓——賓來度眾。

○人有生死，體會衰敗；世有末日不虛言——言告早修。

●五教聖主，一申所生；千門萬派不彼此——此身當修。

○白衣藍裙，慈芒發出；白陽天使正標誌——誌表天道。

●明月星空，軍前歌舞；定是吾軍破胡天——天人歡顏。

○最後遺作，鍾馗畫像；衷心悔悟劉煥榮——榮嘆曰遲。

●踏遍千山，萬里晴天；長空白雲任自飛——飛向霄漢。

○話出是禍，言鏘點火；山不緘默將霹靂——靂撼全球。

●搗毀自己，這尊偶像；崇拜有形難修道——道得淨性。

○天高雲白，地清月明；萬里長城漢江山——山河千秋。

●冷面殺手，倒數計時；黑道感傷無英雄——雄惜末曰。

○淨化心靈，追求真諦；生命到頭神安然——然必靈昇。

●神州人民，中華共和；民國千秋兩岸統——統一天道。

○常聆佛法，甘露清涼；法音溫馨滿懷喜——喜從心起。

●策馬逐鹿，關山夢斷；秋風寶劍老兵淚——淚灑神州。

○生生死死，死死生生；輾轉輪迴何時了——了生了死。

●身在歷史，走過從前；百年歲月古今連——連承不輟。

○良心炯炯，有過自知；知當知改否自欺——欺無良知。

●人將命運，轉換使命；心靈醫治勝肉體──體傷易癒。

○人之幸福，掌握自己；金錢地位當排除──除果非因。

●了生脫死，超生極樂；不生不滅居天國──國是淨土。

○丹青偕老，淑梁夢幻；瀚墨傳家紹箕裘──裘藏幽香。

●天似穹廬，籠罩四野；暮色蒼茫大漠寒──寒雪封地。

○神奇感應，十歲幼童；蒙眼蓋手摸字明──明心觸知。

●病無金保，難得治療；發心許願建醫院──院為證嚴。

○幼年喪母，中年喪妻；老年喪子人不幸──幸難由己。

●昨夜明月，峰頂隱宿；嗚嗚雷聲翻山谷──谷音瞭亮。

○人之失意，有人得意；人之得意有失意──意皆人意。

●橫側嶺崢，高低清幽；美廬別墅在廬山──山中避暑。

○千金詩書，亂不值文；萬貫家業一曰光──光因災變。

●眾盜搶寶，寶得眾滅；看寶復斷殺覓食——食毒皆亡。

○心態不滿，詛咒黑暗；何不起身點支燭——燭光照明。

●四面江山，來現眼底；萬家憂樂在心頭——頭上明白。

○袁做皇帝，元宵犯忌；十五降旨叫湯圓——圓不袁宵。

●袁總統兮，命喪黃泉；鬧元宵兮吃湯圓——圓已袁宵。

○文章固美，無識難尊；詩詞雖麗俗不值——值看現實。

●貪私欲望，就像野馬；縱放原野心難回——回看收念。

○一雙怪物，有八個頭；腹內有水難流出——出不是井。

●一日清閑，一日是仙；六神和合報平安——安心守神。

○洞賓乘鶴，一去不返；白雲千載空悠悠——悠樓鶴無。

●樂觀悲觀，一念之間；事想好處易成功——功得因意。

○漢魏風華，資以大筆；山川佳勝紀清游——游藝於懷。

●瞻前思後，感慨萬千；百年歲月匆匆過——過有坎坦。

○兒不橫刀，端看天災；雙親遲暮有人養——養以報恩。

●丹田有寶，休尋問道；對鏡無心莫求禪——禪以悟得。

○欲脫塵網，先去俗念；想入仙境心無凡——凡情不牽。

●溫仁正直，行為光亮；明允篤誠福祚聚——聚心以德。

○武陵桃源，世外春色；寒山寺夜半鐘聲——聲傳僧心。

●世上何藥，保人不死；雙親非錢買兒賢——賢以錢難。

○文百事明，何必萬言；明居杖責茹太素——素議令行。

●海外華人，心向祖國；境內國人有背情——情因忘典。

○蘇秦被殺，千金緝兇；四人承賞齊王斬——斬二百五。

●無子檸檬，酸柑燉雞；頭花股腳皮去掉——江柑鹽少。

○世上父母，皆是兒親；反報哺恩不及人——人看孟墨。

●情結於俗，牽腸掛肚；心託於申無塵染——染難理天。
○伊蒲續命，貝葉忘憂；青山解語水知心——心融天地。
●右膝先跪，繼跪左膝；兩手前伸頭著地——起伏祛病。
○聯甲制丙，操縱益己；甲丙失和不危飛——飛立不敗。
●暫放現實，留點空白；尋回天真再工作——作出彩虹。
○心話不鳴，痛苦難伸；氣憋心胸閉疾發——發因鬱壘。
●驚濤駭浪，起落溥傑；皇弟滄桑變平民——民夢誰醒。
○念年艱辛，奮鬥不懈；晴天固有風雨多——多因路險。
●塵愚眾生，幸災樂禍；見人痛苦多引快——快除惡心。
○心明如鏡，清靜猶水；意豈絲毫存風雲——雲過無痕。
●中華聖母，慈悲光輝；賢士落難唸聖號——號呼母護。
○家聚難久，夢幻不真；腰金美妾瞬間無——無限虛空。

●紅塵是非，生離死別；親友情愁榮辱連——連翻不斷。

○心存感恩，慈悲助人；光明磊落擁喜悅——悅人悅己。

●榮辱名利，俗情牽纏；心能放下性隨緣——緣結眾生。

○此身無命，一切虛幻；魂離肉體身是空——空性宜明。

●凝志定神，養氣怡性；書畫藝術多長壽——壽得專心。

○了悟如來，覓得真我；反求自己悟真性——性明心淨。

●所言法相，即非法相；是名法相無法相——相有難相。

○魏晉名士，以命休息；黃老治術用政養——養以亂後。

●終日嗟嘆，徒增傷感；勇敢面對惜麗天——天無愁容。

○酒是半杯，看法不同；悲謂去半喜有半——半杯勝無。

●安然無心，面歸天地；一絲不念離塵埃——埃染多苦。

○福是有形，慧是無形；福慧雙修內外明——明白大道。

●有形世貌，無形神鬼；敬神一尊誠禮學——學法無法。

○心香一拜，默默祈禱；神仙在上虔誠禮——禮多佛佑。

●歸去來兮，一片彩雲；臨走瀟灑笑在心——心存美幻。

○忘掉榮辱，何必多想；寡欲養心不鬱悶——悶病自受。

●日本戰敗，以德報怨；亡共在共蔣公悟——悟明趨勢。

○漂泊生涯，飽嚐風塵；寺廟屋簷討宿食——食苦行僧。

●讀書目的，潔愛做人；修身養性德品高——高通天心。

○祈禱於天，為人則先；蒼生苦難悲大眾——眾樂則樂。

●虔誠認錯，神佛赦恕；滔天罪業在一悔——悔於真心。

○天上神佛，求告必臨；虔心悔過祈禱靈——靈護贖罪。

●不能諒解，亦得諒解；諒人自諒彼此安——安無難人。

○心抱感恩，人事皆安；憤高慢傲世難平——平等待物。

●相反相成，相剋相生；藏恩於怨福禍連——連不知惜。

○人迷現實，只顧目前；那管千秋萬世名——名因德傳。

●韓氏兒女，在台綿衍；台岡璇茜阜喬名——名皆以明。

○萬籟寂靜，學習歸天；自然涅槃無呻吟——吟因苦多。

●聖人之心，就是天心；猶似太陽耀大地——地潤蒼生。

○慈悲蒼生，感恩天地；祈禱神佛關天師——師心拯人。

●身邊瑣事，影響人生；心抱理想難務實——實先解決。

○行善之家，必有餘慶；迴響冤業了冤償——償還無業。

●做人實在，不可虛假；受人之託忠人事——事為人想。

○火燒芭蕉，其心不死；英雄受挫氣莫餒——餒志難豪。

●要想著講，莫搶著講；講多人煩少則甜——甜人愛聽。

○有為之法，夢幻泡影；如露如電如是觀——觀心無礙。

●孝悌忠信，禮義廉恥；要想做人須恪守——守以立世。
○貧於物質，勝富德劣；賢豪憂道不憂貧——貧以德崇。
●三五好友，相聚一起；海闊天空任意談——談雅俗事。
○兒女長大，各自飛離；想起致問不想無——無忘恩情。
●心窗打開，不再矇迷；虔誠盤坐向觀音——音禱無聲。
○柴米油鹽，醬醋茶菸；人非神仙少不得——得可生存。
●拜佛學佛，不想成佛；布施行善求了愿——愿償無冤。
○酒無人陪，何妨邀月；飯有錢買不雲吞——吞多難化。
●煙雨湖山，乾坤春夢；大地江海雲霧空——空有難空。
○育兒防老，要看環境；事難強求情有異——異莫依靠。
●心靈空虛，萬邪侵淩；胸懷正氣惡皆消——消無雜念。
○災難之來，莫怨尤人；橫禍降臨別咒天——天皆福人。

●心中有佛，靜等降迎；大限到來坐以待——待無痛吟。

○塵世萬般，皆難平等；惟有生死都一樣——樣去各異。

●年近邁齡，要人體貼；心靈空虛憂慮多——多因無慰。

○儒家論實，佛釋講空；道門謂虛各有別——別說無藉。

●苦難萬般，感恩遭遇；久別重逢當憐惜——惜無可惜。

○輾轉床第，痛苦呻吟；莫若無疾歸理天——天遣佛迎。

●人在盛年，孰慮於死；一旦臨身幾難應——應以平常。

○青山綠水，山水壯麗；人生歲月似彩虹——虹映雲霞。

●情緒不好，聯想太多；事難解決心煩憂——憂解無憂。

○認知立場，分中左右；意見表達正反合——合納踐履。

●忘論現實，難達理想；只談理想無生存——存不著際。

○有命在世，多積功德；無身歸去上理天——天設佛院。

●三炷心香，面對神明；有誠心香勝真香——香表意念。

○愛是甜的，夢是美的；苦是澀的慈是樂——樂是人享。

●萬般飄影，猶夢似幻；笑笑莫戀戀人苦——苦因難捨。

○堯舜禹湯，文武周公；聖有不同功有異——異分大小。

●二次大戰，日德禍首；東條英機希持拉——拉下頭顱。

○以德報怨，曰人感恩；戰敗遣俘千秋德——德為蔣公。

●人有所思，當思無邪；攝心正念必得道——道無所覺。

○有病得閒，閒非真閒；無病得閒閒是閒——閒心人閒。

●邪魔侵襲，因心不正；病體衰弱冤欠來——來前淨業。

○人似秋鴻，來去有信；事如春夢了無痕——痕生不痕。

●淨污濁氣，洗先潔心；心空無物萬象幻——幻夢何幻。

○勇對當前，萬般世界；傲視寰宇皆低頭——頭將為破。

●自己快樂，築在人苦；天理良心當深責——責無受報。

○人今身世，皆兩悠悠；去無所逐來無戀——戀難帝隨。

●回首自笑，風波迭起；閉眼寂觀夢幻身——身處凌霄。

○人間何事，不是夢幻；江山壯麗皆非實——實因情在。

●願君勿笑，反自觀照；夢幻去來影皆非——非物是幻。

○萬事皆似，幻影掠過；忙碌終身孰夢醒——醒不蓋棺。

●至聖無心，何論厚薄；人不懷怨天地寬——寬恕萬物。

○大千起滅，皆一塵裡；巨細本出相形中——中無實質。

●今慶人生，能有幾許；莫將憂思寄衰年——年在當樂。

○塵世紛爭，人間劫奪；過眼雲煙瞬息變——變不住心。

●倚天照海，花名無數；流水高山心自知——知難宣人。

○金猴掄起，千鈞之棒；玉宇澄清類聖明——明為蒼生。

●降伏煩惱，智慧斬掉；妄念一起當下消——消無邪生。

○看人菩薩，皆是菩薩；視人小人先小人——人當正人。

●苦難現實，淡然漠視；人生世物恉幻影——影去物消。

○覺來俯仰，頓失千劫；造物縱馳奈若何——何戀世情。

●神所依憑，將在德矣；鼎之輕重看可問——問意心明。

○賢豪用事，意氣縱横；仰人鼻息難展志——志在逐鹿。

●身處塵世，逃名固易；人非神仙吃飯難——難誰其用。

○以背撞牆，強化內臟；腳跟倒走健腦功——功得常做。

●十指梭頭，疏經活血；摸壁貼牆通脈功——功在上仰。

○萬緣放下，不受綑綁；煩惱起時智慧斷——斷無難修。

●二百八十，護橋欄杆；四百八十五頭獅——盧溝曉月。

○自性彌陀，惟心淨土；大千世界在一念——念契佛心。

●假事養志，借境修心；惜福增慧淨禪定—定始安坐。

○妄念懸想，苦思煩躁；世本無事心祟怪—怪因壞念。

●兩手互搓，掌心溫熱；返老還童洗面功—功當日擦。

○佛為智母，圓滿無礙；不生妄念無業涅—涅槃果滿。

●人生旅途，無一非夢；夢醒開悟不夢迷—迷難知夢。

○現實當前，誰論虛幻；步步著痕往前行—行止夢醒。

●主為客人，斟酒奉茶；屈指叩桌心謝情—情表禮貌。

○窮思夢想，皆是無聊；前塵往事雲煙飄—飄復何憶。

●老虎屁股，誰敢去摸；伴君如虎謹慎行—行悖遭危。

○年輕出頭，老當退隱；新陳代謝更新替—替舊換新。

●雙親如天，何論美醜；悖情負恩天不容—容報反哺。

○人處順境，難名千古；身在逆流文不朽—朽無言傳。

●適應環境，不為性擾；神經過敏矯枉生——生因鑽尖。

○塵世豪情，曾經高歌；晚來嘆惜徒悲傷——傷不如喜。

●平淡不凡，不凡平淡；不凡多自平淡出——出自平凡。

○看人笑話，心不道德；幸災樂禍非君子——子當起助。

●人老心態，思慮難理；妄想太多變痴呆——呆丟忘無。

○人性純潔，生皆良善；心猶白水出清泉——泉流遭污。

●親不得繼，反得陌生；塵世情緣難預測——測非萬般。

○長夜千古，莫逾腰悶；反側轉身痛難忍——忍不眷直。

●人身有病，病皆難受；惟對腰悶獨風騷——騷知惜痛。

○心神正定，邪魔不侵；自性光芒禪靜明——明性無妄。

●筋骨痠痛，B十二鈣；中老人衰不可少——少必體疾。

○戎伍半生，退難去休；無奈餘勇葬紅塵——塵誰諒恕。

●慚愧在心，常行痛悔；朝夕懺悔斷無明——明成佛道。

○人先正己，始可正人；自先守法始執法——法由己做。

●入門休問，榮枯之事；觀看容顏當得知——知不須詢。

○吃藥之錢，多於飯錢；人生健康覘紅燈——燈無鍛鍊。

●瀟灑倜儻，舉觴望天；江湖風塵惜無成——成當義德。

○死的胡同，既然鑽入；生路死路皆不幸——幸解誰明。

●坐骨神經，痛起難受；人老骨弱宜保健——健養勤動。

○掌聲過後，噓聲連起；塵世毀譽誰理清——清白做人。

●閃腰非病，痛起要命；人生幸福疾遠離——離保體健。

○風來疏竹，過不留聲；雁經寒潭逝難影——影去隨空。

●桂花香淡，人情味濃；江湖英雄內外清——清白留世。

○人有毛病，得預毛病；毛病不防病重生——生苦難生。

●人不計較，一切好過；計較太多曰難熬——熬無忘掉。

○緊張情緒，解除妙方；平淡心理不衝動——動無高亢。

●人未病前，誰知痛苦；身修百年無疾亡——亡皆幸福。

○不經死亡，自然變化；人生修到無視身——身無色相。

●人生可貴，莫過健康；失去健康無一切——切實保健。

○人生之債，莫過人情；人生之苦貧病痛——痛難人痛。

●心覺口說，紙上敷衍；不經身習皆無用——用在踐履。

○人生在世，難無遺恨；遺恨形成痛懺悔——悔了心忘。

●體輕神爽，身心愉快；骨酸苦痛必有疾——疾生失調。

○走過之路，回頭看看；各有境界皆不同——同是生命。

●喜研歷史，永不哀傷；愛讀傳記慰心靈——靈性無寂。

○閒話揚州，竟然意起；揚州閒話易君左——左何以左。

●月在天上，非傷心物；愁為人間舊淚痕——痕落情生。

○千古日月，萬物照射；滄海桑田代謝情——情變無常。

●人生有限，時不我與；生涯規劃不可缺——缺了必憾。

○春去再來，時丟難回；綠楊白髮空愁悵——悵無當惜。

●胸懷四海，放眼寰宇；識明中外名人史——史得成敗。

○學貴知疑，小疑小進；大疑大進無疑難——難在不疑。

●滄海明月，牽愁惹恨；月如遊子歲幾圓——圓缺塵世。

○身輕體泰，嬉笑浮生；自適豁達無束縛——縛性心牽。

●何謂生滅，遠為末日；近指一吸一呼間——間在一氣。

○仇深似海，難共天日；怨家宜解不宜結——結怨以德。

●草木何情，因意而生；人類何親為愛有——有否看心。

○片刻歡愉，滿足一時；歌舞唱罷歇後涼——涼心難慰。

●性情暴躁，脾氣倔拗；妄自尊大領袖慾——慾望人忌。

○避地愁無，美景林壑；桃源勝境何處尋——尋在心淨。

●眼明小閣，浮煙翠黛；齒冷新詩嚼雪風——風騷獨領。

○江山勝跡，浮雲人生；塵海蒼茫嘆世情——情得自性。

●劍斬世上，妖魔鬼怪；不教人間留邪神——神正則神。

○機智謙和，富於涵養；廣有人緣處世圓——圓融結眾。

●千古奇冤，東瀛一孫；南宋秦檜害岳飛——臺因立人。

○歸來共枕，淮水之岸；臥賞白雲天際飄——飄任自然。

●明霞映照，露珠閃爍；智慧光芒炯炯亮——亮出心燈。

○人我城鄉，皆演故事；往昔風塵筆難述——述看妙心。

●橫空絕塵，突然冒起；斯人不出蒼生何——何人天罡。

○專家學人，祇明本身；博覽群籍不若一——一通兼通。

●設下陷阱，引蛇出洞；橫掃千軍如捲蓆——蓆中捉鱉。
○千點雲峰，萬物青綠；一徑翠竹路蒼松——松柏長青。
●宇宙萬物，包括身錢；暫且使用無永權——權歸世人。
○汗流浹背，扇風急涼；半身痲痺體僵硬——硬無暖溫。
●堅固堡壘，自外難攻；由裏突破易得手——手法因應。
○書讀萬卷，路行萬里；胸脫塵濁心邱壑——壑吞幽明。
●名利情慾，沉迷不醒；終日奔忙塵寰中——中皆盲然。
○科技取向，工業定位；尖端前峰不落後——後人先發。
●類為螻蟻，尚知偷生；萬物之靈況是人——人莫自棄。
○春宵好夢，格外旖旎；美夢易醒轉眼空——空惹愁恨。
●眼前名利，視同春夢；醉裏風情難少年——年不為迷。
○沈浸悲傷，何苦虐己；悽慘過後轉人生——生不憂慶。

●夢境固美，終是場空；與其沉迷返現實——實以心安。

○翰墨知音，人生何幸；塵海有涯譜晚晴——晴天彩霞。

●一種水土，一種意境；一種啟迪一遐想——想各性異。

○世事無常，繁華易逝；一場春夢皆幻影——影烙心痕。

●往事如煙，渺不可尋；功名富貴似夢幻——幻無修真。

○人若大巧，非以巧術；善用其術當本拙——拙行可術。

●人似秋鴻，來去匆匆；事如春夢了無痕——痕生於幻。

○苟無貧病，逆挫勞苦；曰競聲色名利逐——逐世難休。

●只靠命運，終會落空；何不淨業行善愿——愿立須償。

○才華豪氣，直率誠摯；瀟灑脫俗坦蕩情——情得人緣。

●肝竅於目，心竅於舌；脾胃於唇肺竅鼻——腎竅於耳。

○天下雖安，忘戰必危；身體固強莫忽衛——衛當鍛鍊。

●碧海藍天，青山綠水；自然美景心陶然——然知欣賞。

○歲月遷滅，人物消失；愛恨情仇何不然——然知皆空。

●年逾天命，人將初秋；生涯規劃似已晚——晚不氣餒。

○人生歲月，幌如流水；年光似鳥翩翩過——過往雲煙。

●枸杞菊花，黑豆鮑魚；杞菊地黃逍遙散——散補肝腎。

○漢末魏晉，奢尚清談；中興名臣論務實——實看曾左。

●同意與否，不便明言；只謂想法是否對——對否自判。

○生命火花，短暫悲壯；剎那永恆看英豪——豪氣永留。

●以巳世仇，尚簽和平；兩岸同族怨何來——來不記往。

○智慧之鎖，握在師手；學生愚昧賴開啟——啟開心門。

●世上之事，須斷以義；先計利害便為非——非關私務。

○殘酷的愛，歸來離散；湖濱秋色茫茫夜——夜寫平陵。

●戰敗降俘，紅色囚徒；鷹犬將軍宋希濂——濂書自述。

○俗因讀書，可近於聖；魚不換骨難成龍——龍生於水。

●愚昧無知，要想求智；良師益友自悟得——得在心選。

○心志於道，行據於德；做依於仁游於藝——藝寓生活。

●人在江中，天無片雲；舟望秋月空憶往——往難實今。

○老當益壯，窮且益堅；見異思遷難持志——志本初衷。

●仰臥甦醒，閉眼冥思；前塵往事名利空——空空於道。

○風來竹疏，過不留聲；雁度寒潭豈留影——影無心空。

●同一時代，感受有異；戰陣生死幸不幸——幸看造化。

○人生在世，朝朝忙累；事事精心奔到老——老知空虛。

●得意淡然，失意泰然；平常無妄寂靜心——心本菩提。

○物使久壞，身用則朽；智慧真理永不衰——衰非知識。

●文思澎湃，運筆如神；渾然忘我煩惱無——無限辭藻。
○書畫精絕，唯讀書多；藝術純熟始脫匠——匠去可雅。
●一葦渡江，身輕若羽；九年面壁心虛寂——寂定達摩。
○待人藹然，自處超然；無事澄然有斬然——然必知然。
●一切放下，一切得到；一切難放得不到——到時知悔。
○洶湧波濤，浪中搏鬥；同舟共濟生死共——共渡難關。
●擠扭撕捽，電光擊窗；起落衝撞驚吼叫——叫天則靈。
○海怪眼光，船燈鬥強；颱風暴雨偏航駛——駛向蓬萊。
●人在少年，教管嚴格；中老成就皆愈多——多因幼苦。
○多點公義，少點特權；多點理性少激情——情賴賢達。
●樹上鳥語，河中魚遊；山谷清泉嶺上雲——雲浮仙山。
○寧守渾厚，帶點聰明；留點正氣還天地——地上無邪。

●其介如石，心比石堅；香港義民吊頸嶺——嶺為調景。

○徑有起頭，尾會終結；人生道路何不然——然當求道。

●放下情懷，徜徉山水；忘掉塵俗遨寰宇——宇宙浩瀚。

○櫻春吐粉，莓夏懸枝；楓秋葉紅蘭冬香——香飄原野。

●寧謝奢華，而甘澹泊；遺個清名在世上——上等人也。

○夕陽明滅，落葉寒泉；心持半偈萬緣空——空空梵音。

●青山溪谷，銀河飛瀑；斜陽晚照煙嵐景——景色迷人。

○東西玩久，人多厭膩；新鮮事物心好奇——奇復又煩。

●英雄有淚，不可輕彈；只因未到傷心處——處境以言。

○彎曲河道，清徹流水；盪漾划舟樂忘疲——疲因未食。

●英雄本色，紅塵無淚；百姓何辜隨權轉——轉難自由。

○雄於富豪，權傾天下；繁華事教逐香塵——塵封荒野。

●不作渭濱，垂釣之臣；羞隨路旁拜塵友——友皆馬屁。
○流水無情，灰飛煙滅；榮華富貴一場空——空看石崇。
●平生飢飽，縱無牽累；但無表情難慰心——心向藝林。
○懸崖峭壁，屹立雲霄；群林神木山中奇——奇生峰巔。
●亡史之罪，甚於亡國；國亡可復無史難——難在因記。
○褒貶之任，責在史家；興亡成敗刀筆判——判以良心。
●艱鉅挫折，起蹶興躓；循環起伏當紀極——極細紀實。
○三緘其口，禍不口出；沈默是金不亂言——言宜有當。
●泛舟垂釣，林蔭涼亭；翻滾放鷂境界異——異地情味。
○一代魔頭，人間狼王；不權則反何蒼生——生難毛臣。
●獅子老虎，獨來獨往；狐狸和狗始結群——群不為非。
○身為學人，如為氣勝；若為習奪難為志——志本初衷。

●人間悲慘，莫逾貧病；世上苦痛是無智——借明可解。

○一種文化，轉化遞變；文化所化感苦痛——痛在難適。

●駕著寶筏，遊遍寰宇；山川看完歸理天——天上隱修。

○利用鬥爭，反覆相鬥；鬥天鬥地尤鬥人——人鬥臣己。

●帝王生活，有何羨慕；平淡情懷心甘飴——飴人養性。

○金字塔頂，永遠狹窄；甲乙中間常不明——明難述清。

●一塊成長，分享秘密；心懷夢想和快樂——樂久境移。

○假人之言，轉售他人；以德致德德化人——人當知德。

●新舊交替，朝代轉移；兩峰深溝相通難——難在適應。

○孔孟關岳，世聖文武；天祥可法鄭成功——功在民族。

●教之養之，取之任之；有一非道足敗人——人才難得。

○入世熱性，重諾恃守；純摯熱情北方人——人心多實。

●觀光胖婦，看字義之；謂幼園兒比他好──好貨不識。
○人很矛盾，明知情苦；仍然照樣默默愛──愛是天性。
●朝有貴人，民始望興；國無富民不足殖──殖貨於野。
○慾望固有，能力太差；性慾雖強難人道──道因舉弱。
●自恨少年，荒唐混過；任事方悔智力差──差得自學。
○遁世冷性，富有理想；想像豐富南方人──人心含虛。
●情得痛苦，愛生希望；情失迷惘愛將來──來曰則長。
○各人腦袋，裝著不同；專業科技學術門──門徑殊異。
●群狗爭骨，您搶他奪；盜徒分贓難擺平──平心為善。
○崔府門庭，蘭花綻香；榮耀韓宅振方園──園景心賞。
●南海海中，沒骨之蟲；入水如虎出水泥──泥醉似人。
○有恩難得，無憂可仙；文章千古仕世榮──榮身則短。

●性習學業，堅守最後；勝難屬他必屬您——您當力為。

○蓮葉托桃，連夜脫逃；保定工匠巧石雕——雕諷慈禧。

●吳山峰頂，寒梅傲霜；可法英雄榮族名——名揚千古。

○訟不可長，長富必散；兵不可久久國窮——窮將衰敗。

●間人借問，所笑何事；笑煞山翁醉如泥——泥非凡物。

○食慾固有，力不從心；齒牙脫落難咬爛——爛恨未護。

●桃葉果甜，木刻為劍；驅逐避邪除災殃——殃去人安。

○白頭偕老，世人固望；中途舛生變難測——測非心願。

●斯人不出，於蒼生何；中國天罡終會來——來拯百姓。

○華山黃山，長江黃河；看山看水看勝地——地靈人傑。

●人門鬼門，以及神門；激流洶湧三門峽——峽在黃河。

○生不滿百，常懷愁憂；人不想開心難樂——樂得明悟。

●歌舞雲球，瑜珈太極；各踞場所自天地——地在晨光。
○旱澇蟲災，農物傷歉；餓殍載道苦連天——天庭垂憐。
●急人所急，病人所病；難人所難始通情——情人所情。
○東至釣魚，西至崑崙；南至曾姆北烏梁——梁海國疆。
●五台普陀，峨嵋九華；佛教聖地四名山——山山勝跡。
○心懷天下，滿腹愁慮；憂既無效何不忘——忘了身強。
●騰騰熱氣，滾滾人車；濛濛烏煙梟梟焰——焰避山境。
○憂國憂民，聖賢豪傑；憂人憂己百姓家——家當保身。
●前世有情，今無結緣；落花時節何逢君——君當自省。
○老謀深算，智慮精沈；心思縝密無失策——策事皆功。
●棉裏藏針，外柔內剛；行方思圓處世法——法人哲學。
○源遠流長，儀範可風；卓爾不凡才出眾——眾皆平凡。

●人有常道，物有常性；道非終靜濟以動──動本陰陽。

○千年古都，文物鼎盛；舊書攤裏翰墨香──香因文潤。

●快樂痛苦，不同感受；滋味品評心頭明──明了則了。

○善事做美，為德則足；陽光全曬無陰影──影有人黑。

●奇石清虛，體乾色暗；陰雨呈濕潮溢出──出知晴雨。

○薰陶濡染，芝蘭玉樹；鳳毛麟角個個賢──賢出名門。

●性非終動，濟之以靜；養兩交利不養傷──傷而交病。

○煙霏霧結，鳳翥龍蟠；清奇秀媚書畫妙──妙得神髓。

●死人死了，活人活著；死人活人世上人──人活人樂。

○借錢還錢，不還心惡；借體還體不還腐──腐掉性存。

●市塵繁瑣，百業列陳；聲喧鼎沸心難靜──靜在心淨。

○曲徑通幽，幽在何方；禪房通幽深院藏──藏為淨心。

●人生是戲，但又非戲；演好演壞自負責—責無旁貸。
○走在台前，光鮮亮麗；退入幕後亂垢堆—堆中有序。
●借得軀體，保養運用；風騷塵世數十年—年盡當還。
○慘緣年華，鬚髮蒼然；歲月流逝嘆無情—情難人情。
●貧要布施，勝有錢財；蒙羞忍辱因自大—大人難尊。
○雨後天邊，那道彩虹；高掛空懸多耀眼—眼裏慕煞。
●人生是夢，但又非夢；夢迷夢醒皆由己—己悟心明。
○屙屎拉屎，屎臭尿腥；打開門窗氣味飛—飛無自品。
●臉有美醜，身分高矮；心別善惡性皆純—純染色異。
○塵世之間，業罪禍福；人作善惡影隨形—形得因果。
●先從平凡，去做偉人；次在本分發光輝—輝於踏實。
○中國夫人，世稱第一；亞洲風雲王光美—美鬥清華。

●斬名破利，俯仰無愧；海闊天空我自飛——飛無人擾。

○痲痺自己，忘掉是誰；心靈開門去污染——染無自明。

●身幸不殘，心不能殘；體可不高志要高——高非人大。

○紅塵人間，心事滿腹；身受辛酸難述清——清白留世。

●一絲不茍，井然有條；明暗一套非教育——育人不才。

○電燈出現，初設上海；人無科知謂殛死——死因妖光。

●活有尊嚴，死亦尊嚴；人無尊嚴難立世——世人皆尊。

○佛在天地，世間難比；一切盡見無如佛——佛為本人。

●世有殘酷，莫過是人；塵世慈愛為人類——類皆本仁。

○英雄老去，美人遲暮；繁華落盡事如煙——煙塵飛灰。

●人生大限，天命難求；喪偶失偶淚縱橫——橫行南北。

○叱吒風雲，風華絕代；將軍塵女皆無常——常是修真。

●料峭春風，將酒吹醒；山坡斜照卻相迎—迎向藍天。
○窘迫困頓，障礙災難；法思化解不為倒—倒下無能。
●以淡交友，以聾止謗；以刻責己弱禦侮—侮反己弱。
○姹紫嫣紅，斷井殘垣；良辰美景奈何天—天曰難久。
●混沌心境，突然澄澈；脫胎換骨身原人—人得靈性。
○幻想潮湧，筆之於文；身在現實著以書—書得傳世。
●生本是苦，撞破則樂；人比人情難相比—比復何比。
○行到水窮，前處無路；坐看雲起時運來—來因性耐。
●向您招呼，何以不睬；高我許多感沒臉—臉形相配。
○明月松間，照耀千古；清泉水上流曰夜—夜聽淙淙。
●人在塵寰，難無犯錯；愛可赦免諸罪惡—惡不再生。
○揚起大腳，碰地一聲；踢到人家臭屁股—股痛何情。

●情亦空空，愛亦空空；人去何曾在身中——中難無染。

○是山是水，非山非水；見山是山水是水——水到佛得。

●漠漠水田，飛起白鷺；陰陰夏木囀黃鸝——鸝歌林間。

○相欣相慕，相激相離；相輔相成力豐沛——沛然為業。

●欣賞別人，肯定自己；別人有愛不落後——後愛人恥。

○先為做人，然後為仙；人道未好仙道難——難在人修。

●此我非我，方得真我；人無假我難換真——真假一體。

○人生是假，假亦是真；萬物是真真亦假——假假真真。

●人生是戲，但又非戲；世事無常真常在——在求難在。

○己所不欲，勿施於人；溫良恭儉讓君行——行為本先。

●心靈天地，各人具有；生活環境心中享——享無人擾。

○病情絕望，何必強救；痛苦減少自然去——去得無心。

●心愛之山，永遠長青；情鍾之水水長流——流向心坎。
○米麵夫妻，名利搭檔；神仙眷屬世間情——情各有情。
●心不離佛，佛不離心；心佛如如是淨土——土常自住。
○星月墮地，山石飛天；大海可枯佛語真——真誠無妄。
●光朝彩畫，彩虹高懸；人生長恨水長流——流潤蒼生。
○踏露吟詠，撥雨長嘯；借月述懷留美詩——詩情動人。
●漫長歲月，靜靜走過；塵海大地留腳印——印烙難銷。
○生死美名，名利情愛；英雄豪傑誰可越——越非神仙。
●人之眼盲，但心不盲；體之殘竅心不缺——缺非靈性。
○鴨若一腳，難起水聲；得讚人語勝千言——言美心坎。
●滿身長嘴，說亦難清；事人人計由人擺——擺佈何辯。
○萍水相逢，天涯若鄰；相逢何必曾相識——識久情濃。

●包公印堂，半月形痕；幼牧惡騎踢傷留——留斷陰陽。

○肯做大事，恥言功利；仁心俠骨忠義膽——膽照千秋。

●心種諸業，行得諸惡；菩薩畏因人怕果——困由因來。

○知固無涯，但生有涯；追求學問難畢業——業不自業。

●映階碧草，春色自賞；籠中黃鸝音好聆——聆聽在主。

○文藝自古，傳世千秋；詩詞寸情皆人造——造句潤心。

●紗質白衫，薄如蟬翼；浪漫氣氛夢似幻——幻影如露。

○悲水秋山，蒼生相食；猶自笙歌祝自壽——壽不人壽。

●四大本空，五蘊非有；佛法無法難可得——得只是骨。

○表面光燦，何足為傲；內心美亮堪稱人——人不在體。

●專制思想，思想單純；民主時代多元化——化為價值。

○夫旱病故，子罹癌疾；女又失蹤毋心瘁——瘁命淡處。

●煙塵滾滾，人海茫茫；罪謫凡間度春秋——秋風留情。

○謀非己出，策不露面；掌控他人謂藏鏡——鏡照妖顯。

●不惡不善，不智不愚；不迷不悟不執著——著了難佛。

○萬物無常，法皆無我；寂滅涅槃三法印——印證世間。

●事物觀察，心本懷疑；對有懷疑多不疑——疑難處事。

○騎牛過村，笛聲隴聞；名利客多難如君——君得瀟灑。

●善用屈辱，驗證耐忍；當用失敗養氣雄——雄不自餒。

○聞知諸法，聞遠眾惡；聞斷無義得寂滅——滅去距離。

●天長地久，手牽著手；萬年富貴嘴對嘴——嘴親人福。

○顏老前晚，末必可悲；心智衰晚實在哀——哀無須新。

●事不妄求，求必以義；身不妄行行當正——正大光明。

○千秋萬世，莫忘曰仇；以德報怨蔣公慈——慈難再施。

●人有善念，神鬼助行；惡雖不覺終必殃——殃因歹為。

○人生百態，盡在筆底；春花秋月永舞媚——媚眾悅己。

●沐陽虞姬，宿遷項羽；沛縣劉邦均蘇北——北征南戰。

○人不妄動，動必有道；口不妄語語有理——理得眾欽。

●男女戰爭，世難平息；塵海無波除無人——人有必興。

○孤島文學，上海陷曰；英美租地發怒吼——吼聲震天。

●毒蠍欲渡，誓不針毛；丰須毒龜謂習慣——慣性當改。

○民族恥辱，侵華難忘；曰不省思自取亡——亡不再舉。

●欲高先屈，欲遠先近；欲甜先苦逸先勞——勞而不勞。

○心亡將滅，萬事皆休；天涯行處無怨尤——尤人先己。

●白沙碧海，青山陽光；漫虹飛舞彩虹雨——雨灑大地。

○美艦名號，亞歷桑那；曰機襲沉夏威夷——夷觀思痛。

●幻想玄想，空想冥想；想到難解精神裂——裂受折剌。

○猝喪震悲，鎮挺眷背；死亡幽谷天傷情——情亂難容。

●國父陵園，先祖重地；難容漢奸精衛陪——人改梅軒。

○書要展讀，耳要多聽；心要常思口要唸——唸人慧增。

●無數生命，深藏海底；大地之上育萬物——物皆感恩。

○民族氣節，春秋大義；國難始顯忠義情——情傳萬世。

●道心之中，自有衣食；衣食之中無道心——心乏道味。

○春夏秋冬，蒐苗獵狩；獵在四季名不一——一樣出獵。

●生有散場，死去何妨；陰陽相似皆異鄉——鄉皆在心。

○黃金美鈔，不值麵包；戰亂詩文世皆鄙——鄙有難飢。

無文才　格正不偏
人類之樂
有文才　心歪行邪
人類之哀

韓振方 著

人生智庫 塵海微語

第六冊

中華民國丙戌年 國父誕辰於東海蓬萊仙島——台灣

○春花秋月，何時能了；昔日往事知多少——少憶煩惱。

●才具匡輿，無畏埋沒；人有器識非自凡——凡先得賞。

○創造自己，超越自己；肯定自己去發揮——揮鞭不停。

●世人有成，多在窮困；敗事種因得意時——時時警惕。

○奇石石畫，含千古秀；異花長占四時春——春暖人間。

●天憐芳草，雨露普施；人重曉晴惜光陰——陰陽潤物。

○人生價值，非以錢論；身具文武展才華——華以能華。

●人生猶如，污穢川流；蓮出溝泥不失潔——潔當自潔。

○人之良心，本無不善；稟性所拘物慾蔽——蔽早醒悟。

●客情薄似，秋蟬翼翼；鄉思多如春繭絲——絲為人織。

○明窗淨室，院中巖石；細草梅花入獻酬——酬客潤情。

●靈躍雲霄，虛無飄渺；仙歌妙舞非凡境——境淨神遊。

○衣服破爛，於人無損；品格不可有污點——點難治世。

●千磨萬擊，仍然堅勁；任爾東南西北風——風動非人。

○中華民族，千秋萬世；天下為公公天下——下做人上。

●千軍萬馬，馬到成功；功在國家家為本——本立道生。

○身處深山，什麼都沒；唯一不缺是人情——情溫遠客。

●人生在世，獨立創業；自理事物難感情——情牽心隨。

○寶劍在腰，未離匣梢；將軍謗書忽盈篋——篋內容涵。

●清淨光明，善良磊落；自性觀音菩薩道——道在心中。

○同學同鄉，同事同業；同道同教同名姓——姓皆友緣。

●最大缺點，太過忍讓；什物不少但缺錢——錢貪人賞。

○酒酣友聚，相歡苦短；世物皆忘往事難——難非癡呆。

●人固好人，不懂做人；但無朋友喜歡他——他當檢討。

○從來不說，半句愚蠢；一件聰明事未幹—幹才不昧。

●機智逗趣，看人學養；先抑後揚褒貶有—有察學涵。

○路經行過，縱悔已晚；事未曾做心欲探—探穴得虎。

●有心外遊，千萬謹慎；人多會扒少當搶—搶無情樂。

○千萬流浪，吉普賽人；賣藝行竊維生計—計難人賞。

●便辟善柔，便佞損友；友直友諒友多聞—聞智益友。

○戲票兩張，有友偕賞；前場無暇二場可—可演人戲。

●鳳凰臺上，吳宮花草；晉代衣冠變土丘—丘埋雄豪。

○星光在天，燈火閃爍；象山俯視萬家明—明暗在心。

●金光燦爛，心曠情怡；淒風苦雨氣溫降—降得適應。

○羅曼蒂克，浪漫全無；沒有尊嚴吉普賽—賽人感嘆。

●直言不諱，如鏡照射；敬畏遷善友直友—友以輔友。

○世人誤解，友仍信賴；錯能寬容友諒友——友不鄙友。

●剛愎自用，心胸隘狹；不予體諒便辟友——友當宥友。

○口才固佳，不願求知；看似多聞便佞友——友諫共學。

●盤古開天，撥去鴻濛；闢地生人育萬物——物得於道。

○老人不去，幼兒不來；世代交替如何轉——轉得生死。

●地球兩極，事物顯現；萬里天涯眼前觀——觀感電視。

○求智興濃，認知特異；視野廣闊友多聞——聞以傳友。

●慣常奉承，心態和順；缺乏正直善柔友——友諍勵友。

○昨日地獄，今在天堂；天堂地獄度人生——生看平常。

●塵世儲存，無限財寶；等著去取何尋短——短為負生。

○年輕一次，老朽一回；歲月生命皆一般——般般難同。

●雲雨巫山，豈可率性；儉潔身淨無愛滋——滋生人醜。

○人忙不忙，忙無所忙；忙看我忙忙人忙——忙中無忙。

●身受天磨，硬漢不畏；不為人嫉是庸才——才堪大任。

○宇宙元氣，天地正氣；乾坤清氣人養氣——氣貫太虛。

●自古文人，自謂風雅；鄙離俗民遠豎藩——藩生心牢。

○牧羊娶媳，生子牧羊；農村兒童循環志——志學遠伸。

●玉液瓊漿，稍嚐品味；粗茶淡飯益養身——身胖命短。

○人慕我業，我慕人業；業為其業業難業——業展其業。

●晉朝史官，鐵筆三國；馬謖參車陳壽父——父刑不偏。

○歷史審判，千古公道；百世風標在人心——心詳忠奸。

●菩薩自念，人念菩薩；人求菩薩菩求己——己不人求。

○中國自來，治亂分合；替代前朝多起野——野反當朝。

●當年事實，未必如此；今日光景咸且有——有看戲演。

○台上台下，以笑引笑；裝古裝今人裝人——人演人看。

●蒼生有溺，當仁不讓；賢豪拯世尊聖雄——雄避難雄。

○經外奇穴，彼此撞擊；動作難簡身受益——益體命長。

●茯苓切碎，蓮子壓碎；蓬萊米粥益命容——容美精足。

○無險地帶，人多想去；渡船遇風另側安——安反生危。

●心性安祥，可謂為聖；學復能執則稱賢——賢得人敬。

○台上演戲，台下看戲；上台容易下台難——難扮人生。

●指入指縫，手指互插；插拔反復三十二——次滿血通。

○頸部僵硬，手腳麻木；高血糖尿危險症——症得上情。

●中風昏迷，十指放血；疏通血路解危機——機過送醫。

○房內起塔，頂高有限；場外射箭無限速——遠得看力。

●作者序者，讀者評者；著盡益世樂評序——序文肯定。

○世上藥品，有毒免沾；人可吃虧餘食何——何不茹素。

●事經風霜，萬般看透；人到老年心無憂——憂讒畏譏。

○女人身體，猶似工廠；機器失靈難兒女——女不知男。

●人之死亡，非因年老；外在創傷內衰頹——頹疾難荷。

○女人性柔，男多性剛；男性不如女命長——長因靜得。

●大將威如，山嶽重鎮；先生適與人光明——明看宗南。

○蓮托隻童，佛紗掩身；觀音顯現靈光照——照亮塵寰。

●身屆盛年，精力無限；人昧保養體快衰——衰因不惜。

○慢性死亡，因嗜五毒；最低活齡百五十——十分護體。

●女人天職，生男育女；自古傳承到未來——來不紀錄。

○生於理智，長於艱困；成於苦難終道義——義當拯世。

●外防蘇俄，內保關中；抗日戡亂胡宗南——南海蛟龍。

○血管硬化，營養偏豐；生命殺手膽固醇——醇變為潔。

●冷眼旁觀，週遭事物；心內感慨有萬千——千般莫比。

○人生道路，經有千萬；自古獨往非善途——途中結伴。

●名銜太多，壓力必大；工作繁重生命短——短得休閒。

○教可掛牌，道則不然；教在明傳道密授——授記三寶。

●人由後天，返回先天；佛道道路性理天——天道秘傳。

○感情生活，無限年歲；劃地自限幸福難——難無心稚。

●爬山歸來，反看夕陽；萬家燈火一身輕——輕鬆入夢。

○吃飯睡足，管他美醜；工作幹活餘不想——想多心愁。

●雙親生前，奉養一豆；勝過沒後祭六畜——畜代蔬果。

○無極真理，蓋謂為道；賦於世人是靈性——性本無染。

●天為天理，地為地理；人為性理是真傳——傳心印法。

○以心印心，口傳心受；法傳六耳非秘寶─寶得亙古。

●白髮老伴，盪舟湖心；往昔情懷個中味─味道各異。

○性落後天，氣稟所拘；物慾可蔽性迷昧─昧失難返。

●無極理天，至靜不動；無形無名劫不壞─壞難達虛。

○杳杳冥冥，感而遂通；放彌六合藏於密─密傳天道。

●累世冤愆，纏繞不清；墜入六道難翻身─身修求道。

○追求幸福，誰不夢想；達到願望心高興─興敗無喪。

●天性泯滅，人心造作；縱情肆慾貪無厭─厭丟靈超。

○先天之理，賦人四性；至虛至靈善無惡─惡難超拔。

●空而不空，生天生地；萬靈真宰強名道─道曰真神。

○人心妄動，貪戀六塵；情慾纏繞流污下─下得求道。

●天道人道，阿修羅道；地獄餓鬼畜生道─道求無輪。

○性迷徇情，日流污下；墜入六道去輪迴——迴不早悟。

●老人人群，關懷大眾；隱遁山林非佛化——化育眾生。

○來固飄飄，去縱飄飄；今生無悔走一遭——遭天不測。

●莫帶淚眼，休憐杜鵑；踏雲行空想學仙——仙為玉玲。

○洪流巨擘，百劫苦難；已金傳雷周谷城——城外人尊。

●矮小老人，手無縛雞；文筆賤民嘆巴金——金難買情。

○性悟循理，達本還源；返回理天無生滅——滅了何滅。

●深林美境，廟貌莊嚴；沐浴山光水色中——中為僧修。

○流雲朝露，浮生囂囂；紅塵小遊人尊王——王是紅星。

●浩瀚星空，任我歡顏；懷情仰頭時相見——見爾眨眼。

○人固無憂，體漸衰朽；年紀日增心慘愁——愁丟無愁。

●走進食堂，雙膝跪下；叩頭請罪背語錄——錄看巴金。

○尊重人諫，採納共存；立場有異不排除——除非獨裁。

●樹若長歪，可以扶正；婚如配錯回頭難——難在在選。

○歲歲年年，花開有異；年年歲歲臉難同——同不時空。

●風霜歷練，人情純淨；事事洞明皆開心——心亮神清。

○舳艫千里，旌旗蔽空；青島舟山大轉移——移往蓬萊。

●眼耳鼻舌，身意六根；色聲香味觸法塵——塵生六識。

○品茗對奕，談古論今；山中隱處無歲月——月有難度。

●生固鴻毛，死難泰山；文筆屈辱周谷城——城內偷生。

○當年頑童，今日棟樑；時代輪替古今人——人去人來。

●聚沙成塔，堆土為山；積流匯海細累積——積少反多。

○垂暮晚秋，鵲形氣衰；體弱步艱力難心——心當淨然。

●前後左右，東西南北；四維上下平等看——看心澄澈。

○反復廝殺，纏鬥不休；諸葛揮淚斬猛將——將指馬謖。

●溪水樹音，樂聲入耳；山翠娛神勝詠詩——詩潤心田。

○好友窗情，機緣難得；生不常聚反無曰——曰落前惜。

●横看側目，遠近高低；不識廬山緣在中——中難明情。

○看高看低，看前看後；看人看己看世人——人境各異。

●無災無病，普降吉祥；無病始知心中樂——樂無身苦。

○科學真理，固然發現；失去人性世無益——益福蒼生。

●多難中華，民族浩劫；心淚滿懷當奮起——起不難人。

○澗水湛藍，山色醉心；躺臥峰巒看雲遊——遊目頻懷。

●三十年前，智機未熟；而立之後皆具足——足當大任。

○殺生求生，離生更遠；吃肉想壽終折壽——壽得茹素。

●病臥不起，希望幻滅；無病早該為身想——想當健壯。

○植物蛋白，勝於動物；吃素遠比食肉好——好在無毒。

●國家社會，窮富有別；乞討因貧人難狗——狗餓同情。

○常聚老店，早換人主；往日情懷心難忘——忘非童年。

●放過今天，明天落空；明天勝敗看今天——天助勤人。

○越地獄洞，上天堂門；陽勝陰氣奔天堂——堂堂正大。

●地獄天堂，沒有另設；天堂地獄由心作——作於心頭。

○五教之稱，百家之輿；融會貫通深化淺——淺顯人懂。

●今天拼鬥，明天更好；不為今天何明天——天不助懶。

○人在幼壯，固有坎坷；奮勤學業不嘆晚——晚必有得。

●躬親耕耘，佛土心地；自性自度佛難度——度不靠佛。

○心做天堂，亦可地獄；三界唯心憑一念——念於善惡。

●有功明鑑，絲毫不紊；無德精查秋末分——分別正邪。

○路崎坎坷，終上頂峰；昔日階囚今統領——領韓泳三。

●爾見是色，吾見是空；空色色空空空色——色本是空。

○淵明筆遊，桃源何處；黃山山麓桃源洞——洞在皖黟。

●靜現世演，空前變局；珍惜天留劫後身——身當挺起。

○道統道德，道理道心；朝聞大道夕死可——可無愧疚。

●天堂掛號，地府抽丁；跳出三界離五行——行得真修。

○學佛不難，學做人難；佛經好唸家經難——難在家和。

●白雲芳草，疑似無路；流水桃花別有天——天外桃源。

○柴桑陶潛，後遷黟縣；煙霞百里武陵村——村皆桃花。

●一生服務，為人奔忙；力竭不惜死道旁——旁鄰為葬。

○碧潭皎潔，心似秋月；人無物慾胸開懷——懷情千古。

●路得通天，身在氣天；求道得道須修道——道修可天。

○不計名利，則無煩惱；不辭勞苦少憂愁——愁生於煩。

●成功果實，可為模範；失敗教訓做醒鐘——鐘響必警。

○化敵為友，做人上策；化友為敵必下謀——謀必人和。

●慈仁戰場，必被敵殺；狠心社會眾必仇——仇因無善。

○言本理念，人難抗拒；行不違德難遭滅——心秉正義。

●以智解愚，以德化怨；發揮理智釋宿仇——為德不彰。

○金有定值，人情無價；事關人情無價償——難償情價。

●事雖常變，心有定則；胸有成竹向前行——行本穩健。

○敵人產生，多由自己；打倒自己無別人——敵友自造。

●心能靜思，易創獨見；人不合群絕無力——力萌於眾。

○恕道寬忍，容物待人；心靈純潔勿沾污——奉獻人群。

●追求整體，勿自表彰；堅守生活之榜樣——團隊精神。

○體認生命，運轉生律；盲目衝動戰生機——恪守常規。

●重視物資，企求享受；安逸觀念無前途——簡單樸實。

○行為輕躁，致敗之由；冷靜純智以言行——凡事當慮。

●技專通門，吃用不盡；學通一家理無窮——窮必究明。

○武人能文，可創天下；文士有武必管世——世治必文。

●觀敵於反，纔不吃虧；察友於正知好歹——歹生非友。

○私仇可忘，公不可忘；報於私仇果可怕——怕必反報。

●公利可圖，私不可圖；圖於利私果必苦——苦必難嚥。

○人理不虧，雖強不畏；問心無安繁不煩——煩必不安。

●靈感產生，本屬虛幻；書不讀寫文何優——思優多讀。

○文貴以真，先樸而美；勤讀常寫而後工——工必求善。

●獨樂豈樂，眾樂乃樂；其樂不眾何言樂——樂眾天下。

○鏡中霜鬢，染滿秋霜；欲乘寒氣遊故鄉——鄉土芬芳。

●時間如矢，歷史如劍；劍鋒矢頭絕無情——難逃人鏡。

○文治武功，智略蓋世；德留世人長歌頌——民不忘德。

●為足立德，能可立功；智必立言看人為——無為難立。

○人有恨意，語音必狠；軍無怨言戰必勝——勝必團結。

●外敵易除，內奸難去；表眾易欺質難明——不明難欺。

○一得即滿，滿必易驕；驕生必敗人生哀——不哀必興。

●禽獸魔鬼，善藏於體；征服固可欲滅難——滅以正德。

○人事安排，難於難辨；做人不易為小節——求疵難應。

●做事認真，功常生效；為人認真易樹敵——敵生四週。

○處事不情，近於不通；事想無理多昏庸——庸必事亂。

●錢賺權勢，享福一時；能力賺錢福一生——生當本能。

○事隨才能，易學本領；人跟有德得安全——全心必成。

●心無責任，不足成業；力無領導難服眾——眾必不力。

○靜聽其言，以測人識；事測其能器其識——先識以德。

●童心消褪，示人成熟；永保童心人不老——老當天真。

○成功力量，靠別人多；失敗原因多自招——招來失因。

●人乏信念，則無人生；心無雄志難立業——業由志成。

○事中有樂，人必聰明；憂慮百端傻人為——為人當樂。

●心觸感情，任事多敗；形發怒氣難明理——理正難邪。

○書香滿室，讀多潤心；酒固豪情多必損——損身難業。

●酒香書香，滿室生香；三五淺酌論古今——褒貶得失。

○人能守密，煩惱不生；從事行業警覺高——明人窺測。

●人各有天，心即是天；天心人心理相同——心別負天。

○出之於世，性各有異；貧富貴賤境不同——決於創造。

●千年古木，始於幼苗；未經寒霜難成材——材經歷磨。

○話人動聽，始生信仰；事為眾需有價值——值必因需。

●月掛藍空，曠野寂寂；靜觀天心亮如鏡——鏡如心明。

○舉手投足，皆是行態；賢愚才智立可明——戒於偽飾。

●人貴生命，死生一次；豈以愛恨毀殘年——珍愛寶惜。

○情智平衡，頭腦清醒；事務推斷符理情——情以法斷。

●相處共研，同起發亮；不互損傷必光芒——規勸進取。

○人性光輝，行之以善；心起邪念事必惡——不昧良知。

●心無愧事，行必無憂；言不傷人易得福——禍多自惹。

○靜思凝想，發現問題；心平氣和事易解——解必因和。

●面對現實，易解問題；見面有情因心慈——不見易僵。

○行本哲學，秉以立身；言以不妄鄙牆草——正以守德。

●心領情感，不用語傳；言用理智當領會——會於心意。

○接觸愈廣，理智愈豐；人際愈小感情濃——濃淡看人。

●性情孤僻，不可為友；生活浪漫難為師——師尊莊嚴。

○自鳴德高，難與相處；自詡情高眾必鄙——鄙因自為。

●做人以空，空可容物；為人以實實可成——成己成物。

○過分莊重，易變呆板；愈情活潑易輕浮——浮必狂妄。

●寧願割頭，不願去耳；傲骨天生道義情——情本雄慨。

○世無惡人，要惡自惡；君子去惡以從善——小人從惡。

●驚慌過度，忘懷恐懼；情急智生力無窮——乾坤一擲。

○常處於近，易萌恩怨；善結人緣易地情——情發於恩。

●責罵合情，受必心願；評理公道人心平——平於無怨。

○自管於己，始謂真管；自騙於己必真騙——騙人必明。

●自以為是，易走錯路；善加反省易糾偏——偏因不省。

○彼此互求，人我平等；人我不求互相尊——尊必不求。

●美非人譽，譽美非美；人不自美常獲美——美於自心。

○衣冠雖美，心類禽獸；以貌取人失必遠——遠宜明德。

●好事一場，拙劣弄僵；處理方法各不同——才見高低。

○老友乍逢，寒喧一番；前情舊事湧心頭——能恕則大。

●滿口仁義，暫難揭穿；欺人一時終現形——假以時日。

○人無同情，心猶禽獸；求人憐憫性懦弱——弱必無志。

●人想一等，不違聖言；事求一等行賢言——言律以志。

○人無是非，終必打倒；事判黑白易指導——導入理性。

●調和矛盾，易為群首；明白玄機少煩惱——惱必難明。

○人要克己，始能成己；心當去物可成物——物去必來。

●吝嗇於人，計小失大；慷慨於人求必得——得於反報。

○屋塌不避，難謂人勇；山崩於前應速離——不離必埋。

●人行失道，求教必明；路徑曲折問樵夫——謙必受益。

○人於戲中，戲猶人生；嘻笑怒罵藏禪機——機中以誠。

●義必公行，慾乃私利；仁為同情恨無德——德發無恨。

○施不望報，彼此無怨；受不忘恩心必惦——惦能反報。

●心平不仇，氣和得樂；愛人無恨德人敬——敬必以禮。

○心存極端，言必激烈；行要三思果必甜——不甜必苦。

●世上至親，當數夫婦；人間至情必骨肉——肉割心痛。

○心無貴賤，視人必平；意存貧富心難和——不和必競。

●意無利害，與人無仇；心存得失人必爭——爭因想得。

○受人諍諫，必然少過；旁觀易清當局迷——迷因主觀。

●權同火坑，勢猶虎穴；玩用不當遭埋葬——葬難復活。

○業競公平，取勝在智；功獲於績看勇謀——非謀難致。

●正人功業，難諒於時；小人弄巧乘風起——起於一時。

○核心組織，份子純一；發揮作用起領導——貼身動力。

●斷人生路，惹禍殺身；揭人陰私遭反報——報以仇賞。

○苦贈別人，罪不可恕；奪人福享惡難饒——饒必加刑。

●犧牲別人，成全自己；罪不可恕難為人——人同此心。

○犧牲自己，成全別人；道德高尚做人明——明必心安。

●善良心樂，助人行樂；正壓百邪誠破偽——偽難破正。

○損者固痛，得必難安；詐術獲取受心責——本於良知。

●錦衣玉食，腦滿肥腸；深居簡出昧人苦——明察事理。

○團體之中，必有明達；剖析利害護團體——體固則強。

●煙花從良，人性無礙；放下屠刀豈失賢——賢必向善。

○多管招怨，多事遭責；多心無補多言損——損必有害。

●做人於壞，不好做事；做事於惡難做人——人當守德。

○效法自然，領悟人生；體認先賢明人理——理明於心。

●人不多事，事來不怕；是非不要不可無——無難明事。

○疑心少言，可免誤會；求教真心能解惑——惑必不明。

●自己不言，讓人多說；理明於心必有數——數理自明。

○思理於人，主宰成敗；鞏固團體統意志——志一必強。

●貼身之人，不能有異；事業成敗先淨己——不淨必污。

○身教則服，言教則訟；寧可多行少謹言——言出令行。

●不怕無能，就怕不做；踐以實履事必成——勤以補拙。

○人在忿怒，難尋安慰；心不埋怨易諒解——解必無怨。

●心失是非，不能算人；理失公道難致事——事理不明。

○人愛貪得，終必一空；事喜好勝必落敗——凡過必失。

●人不忘本，總算有救；心不忘親可稱仁——仁心必孝。

○專注人非，無友可交；只言事難無一成——成於克服。

●禮受非分，必遭非責；財得非分禍難免——免收無禍。

○居於幕僚，密於設想；多舉方案供以裁——運籌帷幄。

●象牙塔中，難明全境；諸般情況宜深入——英明果斷。

○滿足侈望，不擇手段；得意一時悔後遲——止慾必樂。

●藉醉解愁，於事無補；自我麻痺必滲憂——憂必傷體。

○事相埋怨，害無一利；心互同情無一非——同諒恨解。

●家有三怕，鬧窮病嘴；人有二懼無志恥——恥明必勇。

○有諒解心，始能容人；富忍耐性能做人——同情利人。

●處世不敗，嘴穩心正；思敏手勤行光明——明心見性。

○福中之福，貴不愛權；義中之義窮不貪——貪必無義。

●酒中率性，痛飲豪情；淺酌鴨語述真言——言當以歡。

○以惡制惡，惡必不彰；惡無人懲必橫霸——霸必自暴。

●事得即滿，自我陶醉；沾沾自喜不久長——謙沖可久。

○人性不一，各有其格；品無高低人有別——別其以德。

●樂以忘憂，心廣體舒；事臨當頭坦然處——處必智明。

○得不喜形，失不憂色；怒不出言苦無聲——修養工深。

●兩忍息吵，雙讓無爭；對諒不怨悔消恨——恨起必怨。

○大膽認錯，無人敢非；勇敢改過無人阻——英豪氣慨。

●饑餓過度，慎食免病；窮困受濟難清白——受當思酬。

○人心不邪，誰能邪他；言行不亂孰敢亂──亂由己發。

●縱聲山谷，必可解憂；鬱悶於心須爽朗──山野長嘯。

○闖蕩江湖，結交四海；仗義稱雄心懷仁──仁必以德。

●心不設防，口無遮攔；精神崩潰人必癱──力量必無。

○朝夕相處，情感滋生；至性交友誼必長──消除裂痕。

●庭要常掃，始能潔地；事須反省纔清心──心清無累。

○錢中交往，清清白白；事上做人磊落明──明必無暗。

●圖逞口快，會遭隱痛；偶發脾氣易樹怨──怨生於陰。

○先明做人，瞭解自己；開創人生相信己──己先人明。

●山谷溪澗，發發怨氣；曠野平疇舒心愁──愁煩必疾。

○精明當中，混厚難找；糊塗堆裏明難得──得於不迷。

●他鄉遇故，金榜提名；洞房花燭人生樂──樂不忘憂。

○長袖善舞，八方玲瓏；不務正途亂鑽營──營必落空。

●太陽照射，露出真偽；醜惡形跡終必顯──顯必惡敗。

○事未成熟，打草驚蛇；輕舉忘動必落敗──慎必從事。

●人該精明，必當精明；事要糊塗應糊塗──謹以從時。

○調和矛盾，易化為福；僵化難融便生禍──禍生內蕩。

●厚道一點，快樂無限；讓人三分能化仇──仇生不讓。

○人處於事，分明是非；認請黑白折人心──心服必通。

●論於修養，不談是非；執著養性多習藝──藝林性靜。

○與人相處，避免衝突；和氣待人心快樂──樂人自樂。

●人守中立，終必孤獨；保持緘默難樹敵──敵生於爭。

○笑有多種，形有百態；微笑會心最動情──苦笑最難。

●倚侍恩寵，人無作為；賦予重擔要蠻橫──才以服人。

○人之忍耐，必有限度；得寸進尺不可為——愈量必爆。

●無求不畏，無愧能安；無怨心平人無仇——無恨氣和。

○創造發明，大眾需要；人人應用價必高——高當惠眾。

●氣血暢通，身體必強；事理明達功業成——成於學通。

○學識見解，各顯其功；事有卓見未必學——學未難事。

●學與性投，易生快樂；事同理合易有成——成必事與。

○書能融會，便生知識；讀不消化必惹煩——煩因不明。

●立於社會，友情事業；道義利害患難情——情植於德。

○人與人交，國與國結；動機不明利害言——權衡得失。

●人愛其家，首愛其國；家而無國難謂家——家無所寄。

○定靜安享，得之以寧；擾攘世局悟有獲——獲必悟明。

●治眾治寡，其理則一；統軍領政法不同——同以利眾。

○文化愈深，思維愈明；文明愈高求智多——多因識廣。

●語言功效，正逢公意；反掩私德飾其表——表裏以言。

○知識作用，順福人群；送福蒼生遺無窮——窮蒼受害。

●人得啟示，心生活力；體受約束行規律——律必有則。

○發表言論，無學難行；身價貴賤看行為——為必言貴。

●人無後顧，始能前思；事有前阻顯後力——力發後進。

○私心疑心，偏心貪心；常存心頭心不正——公正正人。

●人苦於心，難笑於容；強顏作歡心必酸——酸發苦笑。

○做人失敗，業必難成；言利忘德難為友——友必論義。

●學騙不騙，騙不人騙；人不可傲傲更傲——傲以傲骨。

○思想退化，雖生無用；思維硬化生猶死——曰新又新。

●時髦衣物，難以持久；應景盆花祇供賞——賞心悅目。

○情換快樂，樂會用完；情換道義難用罄——罄未多義。

●大智不顯，大德不彰；大才無辯大無當——當必有用。

○成敗在機，機不可失；孰能握機絕成功——非關德才。

●豪傑人物，得之於機；英雄時勢造英雄——雄霸今朝。

○歷史車輪，無情流轉；輪下冤魂皆蒼生——生何不仁。

●秀才人情，簿紙半張；千里鵝毛表寸心——心重情義。

○天變以時，地變以動；人變以心機難測——變中有常。

●不奮於志，迷於宿命；望天有成類於豬——創造在人。

○饋贈財物，用必會盡；剴賜良言使不完——完成志業。

●人生樂趣，親貴於富；學術價值不貴言——言貴有得。

○書以養性，反省養德；食以養身藝養情——情操必高。

●人從名師，學易出眾；不讀名著難啟思——名言成器。

○學問資本，永難用完；能力享受取不盡——盡力習能。

●落水之狗，投石失情；狗若翻身石反彈——彈必殃身。

○人性不良，非自天生；環境污染易變質——質皆同善。

●百足之蟲，死不易僵；大廈雖傾架骨存——輕必害隨。

○物質享受，人不如我；精神感覺較人樂——樂必思苦。

●智識程度，我不如人；學問探求有進步——步入高層。

○獨富遭劫，獨權招禍；獨學受尊獨識貴——貴因於得。

●學貴廣用，問貴達意；道貴理明德貴施——施必人惠。

○人之理解，隨齡以增；心之記憶逐年減——減因老化。

●鏡必無塵，始照黑白；心本於公道理明——明於無私。

○慈愛祥和，訓子有方；諄諄善誘妻之德——德必流芳。

●岳母刺字，教子以忠；盡心報國為民族——母性光輝。

○窮變通達，正反合成；捨左棄右取法中——中必無偏。

●雖受同情，諒解遭際；關照乏力事無補——自強則生。

○解決現實，學問為主；堅定思想本立場——場分左右。

●立志求學，學深譽顯；存心做官大必危——危必官高。

○學無道德，其行必偽；德無能力做事空——空必無績。

●讀不貴快，在貴有得；言不貴多明有理——理必通達。

○世上學問，難莫識人；人間至美德救世——世人當救。

●日日體操，人必精強；時時思考必聰明——明貴有成。

○將相無種，英雄皆美；成功不論出身低——功竟於才。

●天有陰晴，月有圓缺；世有變化難臆測——通權以應。

○人忙無計，事急無策；處事應變宜從容——容必有成。

●妻賢於夫，夫專於業；教子以法家必安——安於妻德。

○文傳愈精，語傳愈假；事傳愈靈，謠傳無——無中生有。

●官靠勢成，學以恆治；勢有窮盡，恆無期——期必能成。

○吝貴錢物，弱貴體健；饑貴飽暖，愚貴智——有貴必惜。

●人不為己，社會必諧；國不為己，天下和——和以共榮。

○無而不節，人自求困；有而節用，自尋苦——苦必活該。

●窮而能算，自有窮樂；富慾無厭，富必苦——苦因求多。

○人不外遊，難體友珍；身若離家，知友貴——貴得友情。

●身無資產，必不拖累；人之權勢，少顧慮——慮必思慾。

○見義勇為，丈夫風範；當仁不讓，人性美——美以仁義。

●非義之財，君子不取；過量之酒，不可飲——敗德傷身。

○放棄仇恨，人無爭鬥；發揚仁愛，事必和——祥和人群。

●考核里程，當以時間；測驗尺度，以事實——實以求是。

○寄居人間，原本過客；能得健康方是福──福享無疾。

●運動療疾，無何爭議；斷食治病導必靈──靈因腹空。

○鍊精化氣，鍊氣化神；鍊神還虛人生寶──寶精必健。

●君子做人，永可不變；賢德做事久不變──變必無德。

○腳跟立穩，風波不怕；意志堅定能斷邪──邪必怕正。

●道義之情，超逾兄弟；政治利害勝親友──友不敵利。

○德高望重，難毀其身；敗德亂行譽無益──益難補損。

●貪圖微利，易負於義；心橫於竹難知禮──禮無必蠻。

○債比台高，君當介意；量無海大須能容──不容難事。

●處於市井，當以德先；置佞人境秉信義──義不欺心。

○權勢圖名，商賈為利；生當重譽死必節──敗重於氣。

●藝術神化，境界必高；人生善化稱完美──美化人生。

○人真死去，不知痛苦；心若死掉豈納善──善言難進。

●辯無是非，人必無聊；作無原則必瞎為──為必無果。

○利害是非，生於接觸；善惡曲直得靜思──思必分明。

●做人太猴，性必多變；處世太狡人必遠──不誠無物。

○冰凍三尺，非一日寒；事出有因應究原──防於未發。

●人重於私，情必澆薄；性本公德無炎涼──公私以具。

○學涵深厚，風度必雅；人具才華智必勇──勇必以謀。

●同樣環境，各有造化；生活固同功有異──創造以人。

○若說您福，您就踱起；色給三分開染坊──坊間俚語。

●情動於衷，則形於言；心發於意則生情──情表人態。

○殘燈淚書，緘訴身憐；問母鬻兒錢值幾──幾人能為。

●危機暗伏，渾然不察；事將爆發猶剛愎──愎性收起。

○健康難明，病魔痛苦；身無疾纏心必樂——樂人不知。

●分裂躁鬱，精神病態；幻想憂煩非常情——情皆心結。

○委用欠當，施政乖謬；陳儀顢頇誤主台——台人慘禍。

●兵荒馬亂，烽火漫天；路旁遺骸無人撿——撿難歸葬。

○戰火連年，命如蜉蟻；天倫悲劇時發生——生不逢時。

●萁荳相煎，手足不情；利害相逼難論友——友本以協。

○昨日已去，利用今天；明天難測完成事——事過必悔。

●袋內錐子，總會出頭；具有實才怎埋沒——沒非外表。

○世上有閒，人不知閒；如何用閒因人異——異趣看人。

●老病何故，任人擺佈；強迫忍受苦折磨——磨必痛極。

○細柳營門，文章難入；虎帳威嚴誰敢闖——闖須令發。

●知識障蔽，遺害無窮；自認飽學創理論——論點偏頗。

○代死劉邦，古有紀信；替亡宗南數羅列——列名史冊。

●人之大限，固難躲過；生死盡頭難歡顏——顏改無修。

○生命終點，莊嚴落幕；古今人死安樂去——去前無痛。

●病既無望，何不灑脫；家人親友醫放手——手放長嘯。

○罪惡根源，緣於私產；暢論共有害世人——人知識障。

●不上天堂，鄙任教主；願下地獄拯亡魂——魂皆得救。

○郊外白骨，野岡荒塚；貧富貴賤人難免——免非人神。

●來時獨哭，家人皆喜；去人眾嚎個人歡——歡無戀世。

○心本無生，因境則有；念若有意心難無——無心難念。

●心若能定，言重以舒；心如不定言輕疾——疾顏令色。

○琴棋書畫，詩吟歌詠；鬥雞鬥牛鬥鵪鶉——鶉鳥人玩。

●利用隱語，以達諫言；不傷人尊易採納——納因利害。

○酒與酒膽，酒量酒德；酒癖酒鬼終酒泉——泉下無酒。

●忠肝義膽，孤忠孤臣；浩氣長存留萬古——古今無愧。

○富不如壽，壽不如健；健不如樂在眾樂——樂以天下。

●人能愛人，兼愛其他；愛屋及屋況親友——友并其友。

○公教農工，技藝商賈；人無工作無以生——生計至上。

●土厚恩重，黎民感戴；地靈感召蒼天憫——憫保其境。

○自抒悲憤，意態雄傑；拍手橫刀健兒風——風於燕趙。

●仰不愧天，正人正己；莫為成敗論英雄——雄心報國。

○遭毀謗時，宜特收斂；人受讚譽不狂肆——肆難得助。

●毀譽因果，常是循環；成敗關鍵難德才——才看人時。

○人有冤屈，難白於世；心無愧德對祖先——先人諒宥。

●明鏡止水，以澄心情；風光霽月以養福——福得福報。

○簿福輕德，行以多偽；惜福積德始為真——真正知福。

●人無閒愁，心頭輕鬆；事不累心人必爽——爽快度日。

○人被壓抑，多應警醒；事處稱心易沉溺——溺難成功。

●世上皇裔，多無幸福；行動受限難自由——由民供養。

○接受讚美，形應虛心；頌揚別人宜誠懇——懇無則偽。

●政治山林，坐看雲起；心無波濤退政壇——壇階上下。

○久病良醫，因有體驗；心本領悟可治人——人我得益。

●謙虛實幹，敬尊隸長；才能發揮看機緣——緣生於時。

○冷眼旁觀，勘察事物；設身處地正反情——情得於心。

●天道無親，惟德可親；鬼神何畏因人靈——靈發於敬。

○中華文物，宏偉博大；世界列國皆廣傳——傳先人懂。

●國寶收藏，人人有責；歿後捐出名萬古——古今美德。

○台灣三峽，大陸三峽；峽山峽水萬古異——異皆中國。

●街頭死角，垃圾不丟；國人清潔在心頭——頭上青天。

○不怕阻力，只看魄力；不畏武力怕人心——心有向背。

●讚人學博，未必識通；謂人明理先達情——情達四海。

○某一學術，堪稱專家；但另學問初學門——門外虛心。

●人愛讀書，要讀好書；報章刊物宜廣讀——讀須強記。

○青山綠水，藍天白雲；樹上小鳥枝頭叫——叫無垃圾。

●世上地球，只有一個；莫讓污染人人責——責在您我。

○人獲讚美，勝於自美；互相尊重不詆醜——醜必自醜。

●破人至巧，本於拙誠；馭事紛爭抱以靜——靜以決斷。

○歷史古跡，愛護維修；文化資源觀光點——點有價值。

●臥病淨殿，空無一人；江山得失梁武帝——帝死台城。

○虔誠奉教，身死國亡；儒釋道佛難解厄——厄看南梁。

●人煙絕塵，白骨城堆；攻城掠地戰亂苦——苦在黎民。

○生於世間，活在人己；時空塵務巧安排——排宜公私。

●加官晉祿，子貴身榮；繁華塵世醒一夢——夢斷人生。

○梅令人高，蘭令人幽；蓮令人淡柳人感——感其雅潔。

●華舊隆興，百姓苦忍；政亂喪忘人民殃——殃及無辜。

○煙雨樓台，千里鶯啼；水村山廓南朝寺——寺無僧居。

●有情世界，無情事物；自然規律生死滅——滅去復生。

○成長過程，各有艱辛；不落人後勇向前——前程自決。

●不要人誇，詩書飽學；願留正義滿乾坤——坤儀正軌。

○書讀越多，孝心逾濃；閱歷逾深情越重——重必親情。

●粗茶淡飯，食有餘味；茅屋窗明心淨安——安居思危。

○一條生命，由您承造；委棄責任終必憾——憾無教養。

●激湍流水，必有深潭；高丘之下有流泉——泉因山成。

○雪滿山中，高士臥眠；月明林下美人來——來了談情。

●萬山風雪，來自天地；園林春曉梅先知——知開何時。

○法不約親，難判驕縱；律眾不嚴易為暴——暴無約法。

●一句話頭，使人省悟；美麗讒言誘迷失——失態人鄙。

○晝夜往復，花開花落；春去秋來物故新——新舊傳承。

●生死不關，局勢時數；俯仰無愧為世人——人我心安。

○塵間愁煩，人事紛擾；放懷傲笑皆飛揚——揚無必疾。

●有教無類，佛法普渡；德律長流五大洲——洲獲清渠。

○水激逆流，火激橫發；人激亂作宜慎激——激誘導藝。

●身體缺陷，豈足羞怕；心理殘障實可悲——悲無鬥志。

○儒家思想，強調人禽；釋道觀念稱因果——果報人畏。

●人若尊重，做人原則；自以優越難高人——人皆平等。

○物難得到，想必最美；事求完善必有缺——缺圓世間。

●宏揚八德，儒釋道舉；導使人類皆捨己——己後人先。

○百煉精鋼，爐火純青；事經歷練斷處明——明決無誤。

●正反左右，曲直是非；仗義執言挺身出——出國史證。

○品德價值，高於一切；人類品質勝生活——活分人禽。

●天外有天，人外有人；人多請教必受益——益得虛心。

○為人子女，不嫌母醜；為人父母當教養——養育成人。

●清晨破曉，耀眼光芒；滿懷希望在今天——天天向前。

○黃金歲月，莫耗時光；下定決心多讀書——書用知少。

●恩怨情仇，一筆鉤銷；江湖豪氣不再談——談無得禪。

○一口說盡，天下大事；雙手能撥百萬兵——兵無難安。

●雲南國內，母系氏族；地球最後玫瑰花——花開花落。

○縱親有誤，豈怨羞責；天下無不是父母——母以子榮。

●西裝革履，人模人樣；不讀詩書怎潤身——身別人獸。

○讀破萬卷，可得神筆；書不廣閱腹司空——空言無味。

●天下大勢，分合轉輪；明暗清濁旋時代——代有人才。

○貼人標籤，實欠道德；說人壞話難論品——品由眾評。

●宇宙人生，難判為二；能悟自然明哲學——學以合解。

○生命句點，誰都要劃；塵世無奈難留戀——戀無灑脫。

●布施持戒，忍辱精進；禪定智慧得菩薩——薩心悲憫。

○鏡照人非，反躬自問；多不檢討勿責人——人優勿忌。

●墓碑為鄰，芳草萬古；塵世歲月數十年——年華易逝。

○牛糞插花，美伴拙夫；駿馱痴漢世難平——平宜參禪。

●孔釋老莊，耶蘇阿拉；由人成聖傳千秋——秋月長空。

○契合天地，精神往來；和諧萬物不傲視——視無則禪。

●進入禪室，穿上海青；一切拋下皆平等——等無動念。

○清醒自在，心安理得；參禪修行尋自己——己無名利。

●溫室花卉，難經風霜；幼兒教養宜先苦——苦知有甜。

○看人看己，看書看世；看山看水看環宇——宇宙浩渺。

●世上無神，虔信必有；心靈感應無限靈——靈異常現。

○今生永生，來世再生；佛耶分野認知異——異由因果。

●樓外寂寂，室內空空；禪美深處千古明——明月照心。

○纖塵不染，閒愁丟下；心淨澄明照古今——今月曾古。

●倉頡造字，文化傳承；中華著史司馬遷——遷為史官。

○犯病不吃，犯法不做；人倒眾推我不推——推己及人。

●粗衣淡食，心中喜悅；健康就是活神仙——仙由人修。

○吃喝玩樂，爭奇鬥豔；皈依佛門常看開——開往繼來。

●抗日戰友，戡亂同夥；囊昔同窗今無幾——幾人知修。

○傾家蕩產，供子讀書；貧富家庭皆如是——是人報恩。

●中華民族，五十六隻；團結融和力量大——大不受侵。

○烏兒出頭，人打我不；安慰失敗讚美成——成人之美。

●寬厚溫潤，祥和慈憫；菩薩心腸度人生——生必快樂。

○嫉妒怨恨，詛咒哀傷；醜惡憂愁難人生——生必痛苦。

●走出室外，抬頭仰望；放眼天下向前看——看宜回看。

○絕非過客，略似歸人；他鄉異鄉皆故土——土分永暫。

●恩怨全消，心安理得；新仇舊恨不帶走——走了平靜。

○能聚必散，塵世之常；聚常歡喜散多傷——傷情難捨。

●急流勇退，需要大智；唯有無私昭天下——下反為上。

○飛龍在天，三羊開泰；洪福齊天世太平——平等互尊。

●落葉歸根，落地生根；故鄉異鄉正反得——得期應得。

○大限來時，安靜歸去；預立遺囑感恩心——心淨光明。

●時代人物，知所進退；知進不易退尤難——難因戀棧。

○紅塵紛擾，立定腳跟；世俗煩囂明心性——性得智慧。

●誠懇謙恭，協調微詢；折衷彙整殊意見——見皆認同。

○不可快樂，偏要快樂；果然快樂徒奈何——何必懊惱。

●消滅敗類，安定社會；打倒叛逆拯國家——家無逆子。

○大千三百，少帥五百；新羅山人紅梅圖——圖後歸還。

●平地坦途，車易翻覆；巨浪洪濤舟可渡——渡因同心。

○時代變革，歲月流轉；物換星移乃世情——情景淒茫。

●窮富難交，貴賤不往；人際結緣靠投情——情看知心。

○言語乏味，面目可憎；胸無文墨話必俗——俗無多讀。

●往事如煙，夕陽殘照；空空涕淚對梅丘——丘埋大千。

○冬花耐久，夏花夕殘；天若殺物正成物——物以反生。

●權勢地位，繁華產業；親情友誼因死丟——丟未文留。

○事有瑕疵，虛心認錯；拼命掩飾反成拙——拙由人造。

●山窮水盡，柳暗花明；崎嶇險戲花香甜——甜由苦來。

○敗壞之先，人心驕傲；尊榮之前有謙卑——卑後得貴。

●檢驗真理，真理實踐；七十四年全盤輸——輸看蘇聯。

○一隻金龍，十爪揮舞；三更不停五更做——做勤致富。

●科學研究，在探真底；求是精神窮物理——理通則明。

○煙斜霧橫，虛驕矯飾；捨情棄事不周旋——旋難專研。

●文彩華貴，絕非花朵；將軍匹馬定天山——山中有虎。

○當年德曰，戰敗亡國；忍辱苦幹為復國——國富人雄。

●人有不滿，氣來抖吐；怨隙在心酒後發——發當諒解。

○筆耕舌種，難捨用腦；力工勞做須體強——強皆謀生。

●格物致知，超越智慧；冷靜觀察評分析——析理究明。

○讜論匡時，入木三分；哲人風範令肅敬——敬因飽學。

●沒有愛心，缺乏道德；金錢地位縱擁鄙——鄙無公益。

○嗜酒貪色，必亡壽短；好鬥逞狠命難長——長要惜生。

●塞外煙塵，英雄牧馬；南國風光山河嬌——嬌必折雄。

○秦皇漢武，一代雄豪；唐宗宋組文治風——風於詞藻。

●因事齟齬，計較難雄；時過境遷情利合——合以變友。

○林子開元，文承統序；泉遠流長一脈傳——傳於天人。

●林蔭廣被，文悟天地；泉潤九洲萬民欣——欣因德世。

○林君超凡，文參玄神；泉通銀河灌寰宇——宇內得益。

●命由我造，福自我求；我命由我不由天——天人合德。

○林園參禪，文靜寂然；泉水清澈滌心濁——濁去靈潔。

●林壑谷幽，文石晶瑩；泉出九地藏於山——山光水色。

○欲達天庭，先建管通；事能奏功宜假言——言以才德。

●人先犧牲，始獲享受；坐得其成天下無——無中生有。

○想填慾海，先去貪私；欲破愁城必了緣——緣生難破。

●一句益言，終身難忘；半句惡語心烙痕——痕語人惡。

○未經痛苦，難體幸福；不經折磨豈明難——難明於樂。

●婦能賢慧，丈夫稱雄；妻兒健壯家無累——累忽難業。

○錢財露白，易禍於己；富情無私必癡人——人事秉公。

●男怕無志，女怕無節；事怕無成人怕貪——貪心難滿。

○放眼天下，胸懷萬里；環視情勢必權衡——衡當巧處。

●應興應革，方針大計；腹案於懷見機為——為必適時。

○一庭花影，三更月色；十里松蔭百道泉——泉水淨心。

●大行難加，窮居不損；中道以立無為成——成於自然。

○樽前花氣，濃如醇酒；筆底松濤捲入詩——詩情畫意。

●大筆宜寫，真草篆隸；漢書皆藏詩妙文——文家統序。

○中華兒女，盡是好漢；國民好學皆能文——文飾潤身。

●寶島風美，蓬萊福居；家家富庶戶戶明——明月千秋。

○秉以誠敬，本以忠厚；讀以勤奮樂做人——人以中正。

●身臨危境，必須放膽；事成得志要當心——心本平易。

○多任勞怨，是能共事；事可展才看人為——為必有功。

●沙場老將，英雄落幕；意氣風發話當年——年老益壯。

○野火固猛，難燎心靜；春風縱暖不溶冷——冷情難暖。

●山河染血，景物變形；世事全非心難戀——戀必奪情。

○清早門啟，生活七件；油鹽柴米油醬茶——醋益人體。

●高標拔俗，孤芳獨秀；紅杏枝頭意春鬧——鬧必春濃。

○傖俗談吐，以書療養；高雅氣質去鄙狂——狂態人惡。

●花開旋謝，靜觀養情；人間是非不管無——無語難非。

○以利相誘，易於拍合；以害相許多遠避——避當權衡。

●煙蘿碧水，曉風晚霞；雪竹寒窗對月明——明照大地。

○山窗靜寂，無聲畫藝；水閣煙雲不繫舟——舟行自在。

●幽亭清聽，山中細雨；埜閣平收屋上雲——雲由巔出。

○五臟不腐，外傷好醫；人心不壞德易施——施必廣被。

●白雲滿室，得心勤耕；明月一潭釣無痕——痕生難靜。

○舌於齒堅，但易挫折；舌柔於齒可常存——存因柔應。

●家家明月，並照人寰；處處歌舞遍地春——春暖蓬萊。

○擯影人間，遊心方外；塵俗盡消神形化——化與天合。

●學務心活，道為心死；不活則死求神活——活非明道。

○善積成德，惡行毀生；孝弟忠信修身先——先必去惡。

●黃花翠竹，無非禪機；皓月清風有妙理——理性宜純。

○道無可見，因人而見；人不能聖明道聖——聖必潛學。

●以生徇物，其生必勞；以身徇慾身易枯——枯必竭涸。

○以才自足，必為佞忌；以能自矜為人簿——簿其炫誇。

●以心徇名，其心必苦；以命徇利命必亡——亡因愛貪。

○雄豪壯志，扭轉乾坤；收拾江山代有賢——賢必拯民。

●為善近德，行惡易刑；論利明義心不鄙——鄙人自鄙。

○恬淡養性，知足養心；守義養德人養精——精氣神足。

●清心淨欲，澄神寂念；身無俗纏心必靜——靜於寂然。

○誇張渲染，危言聳聽；造謠煽動必言激——激言觸法。

●歪曲事實，顛倒是非；欺騙說謊言必偏——偏言失誠。

○淡飯粗茶，吟曲高歌；野鶴閒雲笑呵呵——笑了塵緣。

●物質生活，宜往下看；精神領域向上瞧——瞧要奮齊。

○緣生必聚，緣滅則散；世上聚散本無常——常在隨緣。

●夫妻篤情，難同生死；手足誼深難共殉——殉以情誼。

○身有技術，求生必易；人無骨氣難做人——人鄙無志。

●華戶蓬門，菜根白水；世海滄桑獨樂客——客過留名。

○喜怒哀樂，興亡榮辱；勢利聲色辛酸情——情透人生。

●窮巷僻居，生涯靠身；敗塌邀客看友情——情深必往。

○離騷幽香，芳魂一縷；東籬菊酒孤雲寂——寂多寡偶。

●生死道上，看破人明；名利途中悟必聽——聽妄不貪。

○緣結千里，難識咫尺；人世無緣難相聚——聚散本緣。

●文化傳承，責無旁貸；統緒攸關應先為——為不後人。

○樂觀奮鬥，世無阻礙；悲觀消極事難成——成必業感。

●人為生存，手段盡施；事為達成不惜謀——謀必本德。

○安貧守道，簞食必樂；希聖望賢布衣尊——尊必人榮。

●事能隨緣，味必無窮；話懂聽音人必智——智必明竅。

○身無塵埃，何須水洗；心若明鏡不用照——照必明亮。

●道以載德，德以植道；人能明德天性現——現必沖和。

○為將若驕，尚有藥醫；將如膽怯無方治——治必以勇。

●明槍易躲，暗劍難防；人高惹禍妄人鄙——鄙其自大。

○創業雄主，因緣際會；輔佐英豪得忠心——心貳必死。

●神智無運，人心慵愚；血脈不暢身必病——病因血阻。

○黃老權術，不外人情；鬼谷妙法通玄理——理透情達。

●推心置腹，固然坦誠；誠非全拋留餘步——步法要穩。

○虎皮易畫，虎骨難描；人面易識心難測——測必推誠。

●酒肉易友，柴米可妻，飽暖思淫飢寒盜——盜心陰懲。

○見機行事，因人聰明；察顏觀色絕不笨——笨人難業。

●儒雅風趣，人多推崇；粗獷下流人不齒——齒其格低。

○氣養浩然，心無怯懼；志為事奪氣不餒——餒心必怯。

●節食去病，節慾延年；節儉致富節時快——快必見功。

○以仁存心，人必無憂；以禮存心必不辱——辱因傲慢。

●以義存心，人必常樂；以恕存心必無仇——仇因憎恨。

○世有僥倖，心絕不存；事有倖得不存僥——僥生必驕。

●港能避風，賢妻可築；灣起風暴惡婦造——造因不賢。

○窮困受窘，暴富易妄；貧不可恥羞無為——為不妄為。

●論佛家語，色空善惡；正邪是非皆無別——別心一轉。

○識用權巧，善惡慧念；入世建業出世想——想無事纏。

●人生坎坷，飽嚐風霜；純潔真誠心永存——存於堅強。

○悲歡離合，生老病死；世人遇際熟能越——越人福神。

●傲願得名，貪祈多利；樂必求色皆本慾——慾大損身。

○約束自己，設想對方；有了磨擦先消除——不除必加。

●有譽無毀，有毀無譽；譽毀參半剖人生——生譽少毀。

○不善理財，一生受窮；不會做事難立業——業由人為。

●含鉀蔬菜，鋅多海藻；攝取纖維飲牛奶——奶夠人強。

○律規生活，健康基石；習惡嗜好命必短——短因無規。

●多情明月，邀君共賞；滿塘荷花到處開——開心情悅。

○青山有約，常結友誼；秋水為神豈染塵——塵染難補。

●置酒層樓，把杯憑欄；月白風清開懷飲——飲話桑麻。

○財勢有無，非關緊要；後代強於先代賢——賢於德業。

●棋怕將軍，事怕僵局；物怕相尅時怕衝——衝當調適。

○與世無爭，坎坷自受；一笑人間萬事平——平以心安。

●觀光遊覽，識增眼界；登山涉水身心強——強易神清。

○眾人建議，應當採納；少數意見必尊重——重必獲眾。

●不論出身，只言職責；統御領導重德才——才堪重任。

○人若聰明，因易創業；世上傻人常德福——福帶憨氣。

●情遇本位，必失人際；識能圓融易達情——情通人和。

○懂得固多，舉措失當；專業守一應付裕——裕如必得。

●唾棄道德，難立於世；掌握原則隨機緣——緣生易成。

○不論仁義，世人必鄙；抛開學德人必惡——惡其無賴。

●魁於群童，可首天下；霸於當今必傳世——世傳仁德。

○青春固寶，身未惜明；暮年不悲識世情——情透必達。

●結於少年，意見固左；長於壯老豈為忤——不忤必友。

○道就是神，就是仙佛；上帝聖母是強名——名非常首。

●學深積厚，大器完成；德智不足難使眾——眾服情理。

○和光混俗，不自異高；非以才智感於世——世人認同。

●何謂真靈，就是元神；有無變化感隨通——通妙不死。

○爾看是有，我見是無；先人他性難自性——性執非佛。

●憂愁痛苦，問題難決；作繭自縛何苦生——生當知解。

○真常之道，悟者自得；悟是醒悟了因緣——緣生愁苦。

●功名利祿，妻財子祿；猶鏡中花水中月——月影虛無。

○人死沒有，一了百了；肉身雖去靈還存——存受律戒。

●歷劫萬年，始得人身；千載難逢攀仙境——境過難修。

○陰氣為鬼，陽氣為神；自然功能千古存——存塞天地。

●蟻被踏死，未見餓亡；人為物靈應求活——活當積德。

○房為身棲，身為靈庇；屋毀身死靈何託——託假修真。

●人說名利，即非名利；是名名利無名利——利難身去。

○天地萬物，陰陽化育；無情歲月有情人——人承千古。

●挫情孤危，失怙喪親；被困迷路戰敗人——人守方寸。

○寄身林野，隱遁桃源；悠遊閒蕩嘯吟歌——歌音繞谷。

●不笑眾生，為口忙碌；風雅閒情誰去問——問亦白問。

○金錢萬貫，妻妾兒孫；幸福來時痛苦始——始知愁煩。

●眾說恩怨，即非恩怨；是名恩怨無恩怨——怨難身亡。

○形而上學，神學哲學；形而下學是科學——學分虛實。

●山中閒雅，方寸空明；緣茵沁心皆含情——情得潤神。

○滾滾紅塵，茫茫眾生；忘懷得失世間人——人競名利。

●一片冰心，蕭條淡泊；空靈方寸納萬壑——壑幽難窮。

○心無妙想，難入佳境；東坡文筆奇幻多——多含萬象。

●何夜無月，何其無光；何人無心何無情——情潤大地。

○人生自古，心多矛盾；超脫世俗誰能有——有多解嘲。

●論人隱私，揭人瘡疤；聽人過失皆非德——德人揚善。

○人得名位，必有辱污；權攬高職常招風—風吹無情。

●過去無我，現在有我；未來無我誰是我—我又是誰。

○琴上琴聲，匣中難鳴；音在指頭拿指聽—聽合琴手。

●紅塵世上，無聊閒人；論東評西扯是非—非常無聊。

○輕譽失實，有損人德；只讚好人難結敵—敵心多詭。

●幸災樂禍，臆斷皂白；傳播隱私難是人—人厚載福。

○天心道心，人心肉心；心去人肉懷天道—道心純正。

●未生是無，現在是有；百年之後復又無—無本是無。

○無中生有，有入於無；有無相生生不息—息息無息。

●家中狗貓，現示形相；以前沒有以後無—無形是空。

○所知愈多，愈感不足；自認無知妄想求—求知無涯。

●麗人體酥，利劍斬客；不見頭落骨髓枯—枯因自尋。

○路邊青草，現示色相；枯死沒有以後無——無色是空。

●無住就是，不執於形；生心應抱不著相——相有難空。

○夜闌人寂，冥思有無；體忽震動接靈氣——氣波來天。

●長夜星空，萬物淨寂；靜默無相靈波接——接氣自天。

○竹影掃階，塵灰不動；月穿潭底水無波——波由心起。

●色即是空，空即是色；徹悟此理叫明心——心可見性。

○形相色相，非永不變；本體前後皆無空——空不異色。

●友因好賭，身敗名裂；親為管教痛心情——情當自制。

○鍾阜龍蟠，石城虎踞；十朝都會數南京——京畿氣雄。

●古稀頑童，塵世衝浪；期頤英發遨宇寰——寰珠宿憩。

○我究是誰，誰又是我；我又是誰終落空——空空見性。

●淨土和佛，在於何處；外難求得在心田——田應培德。

○剎那陰陽，瞬間交替；陽動將靜玄關通──通過虛靜。

●得仙為佛，在於玄關；功德圓滿竅打通──通向神境。

○無人無我，我古無今；無形無相無無色──色不異空。

●海上仙山，世外桃源；東瀛蓬萊為台灣──灣外難實。

○做佛不難，難在不悟；明心見性入佛境──境無所有。

●陰極生陽，陽極生陰；陰靜將動之瞬間──就是玄關。

○虛是虛無，不為幻惑；靜是靜定悟通因──因何不通。

●陽動將靜，陰靜將動；陰陽玄關開竅點──點開仙佛。

○電池用完，另行充電；人體無電接靈波──波在宇宙。

●行本道義，積德累功；專意致氣啟心扉──扉入靈波。

○塵海之中，唯人獨厚；賦精氣神萬物靈──靈性多昧。

●榮華富貴，功名利祿；世俗虛幻轉眼空──空花水月。

○道無遠近，皆承天道；道師道親一家人——人人行道。

●萬劫得身，前出種因；今生不修待何時——時錯輪迴。

○宇宙靈波，哲學形上；地球電波是科學——形而不學。

●植物生魂，禽獸生覺；人除生覺有靈魂——魂以靈大。

○聖賢才智，平庸愚劣；稟賦有異性不同——同是人類。

●生如朝露，電光石火；人當早悟勤悟道——道在心田。

○既行功德，又要犯戒；竹籃打水一場空——空不為錯。

●貪得天月，失去掌珠；迷戀塵世誤道情——情當醒悟。

○人有事累，便幕閒靜；處有患難思平安——安得一生。

●意外生死，人慶身存；苦力挑擔倖步行——行無負荷。

○恩人入罪，心戒無犯；想人不愚倖明理——理達解痴。

●左一布袋，右一布袋；放下布袋心自在——在人難丟。

○大處遠處，全局重點；開明理性實際走——走向光明。

●內爭內鬥，內亂內戰；國去內鬨對外強——強大團結。

○身負疾病，慕人健康；自受飢寒羨飽暖——暖人心安。

●人處孤獨，心感擁家；看人奔馳倖安定——定因知足。

○露宿曠野，有屋為福；人曬目光幸得涼——涼擁心感。

●七情六慾，兒女情長；功名利祿何人丟——丟下可聖。

○海到無邊，天可作岸；山登絕頂人為峯——峯在腳底。

●心懷博大，萬物皆通；胸襟窄小萬物病——病因難容。

○皇中命定，一定有形；來度無形始回天——天佛修士。

●自性光明，照徹本心；三千世界藏於身——身無色相。

○波載聖航，超越塵浪；光明心燈照萬方——方能了願。

●菩提無樹，明鏡非臺；本來無物何惹塵——塵染難淨。

○勤苦一世，辛勞一生；自笑終身為口忙——忙昧悟性。

●憂苦一世，悠遊晚歲；人生至福霞滿天——天不簿情。

○令邪巧媚，呆傻怪貪；痴奸狂瘋奇等笑——笑情不一。

●身固忙苦，心閑吟樂；人是世間自在天——天天快活。

○身是菩提，心如明鏡；時時拂拭勿惹塵——塵有難除。

●佛只問心，何外求去；依此修行天堂現——現悟方寸。

○勞苦煩情，生老病死；功名富貴虛幻景——景色難久。

●造化同遊，精靈共聚；天地精神相來往——往去自如。

○飛潛動粗，一同動脈；風雲花鳥通呼吸——吸取精華。

●懷有願望，抱著夢想；人生苦短難兌現——現在該悟。

○您看我衰，我看您變；時光無情人生老——老難轉少。

●物起於無，終回於無；無生於有有還無——無限感德。

○將相功名，金銀財寶；荒塚一堆草沒了——了卻短暫。
●世好便了，了便是好；不了不好好便了——了了則了。
○認命不悔，投入懷抱；浮生甘作孺子牛——牛勁難悟。
●不負造化，不負此生；人生天地得至情——情親難情。
○陌頭楊柳，色皆白了；夫婿封侯豈應該——該早回頭。
●滿紙金言，句含正反；讀宜慎思始知味——味悟人生。
○嬌妻柔情，君亡人去；兒孫難忘恩何有——有幾知孝。
●三曹法會，諸仙降壇；輪翻點化渡眾生——生當醒悟。
○孔子耶穌，釋迦牟尼；道德天尊阿拉回——回天之主。
●俗慕神仙，行功修道；神仙思凡為渡人——人仙同心。
○當下一念，善惡分野；千載機緣宜慎辨——辨別正邪。
●慈悲憐憫，慈愛謙虛；寬容溫柔懺悔心——心懷赤子。

○玄關自性，無字真經；子亥相親懷中抱——抱守三寶。

●天國裡面，仙佛心懷；嬰孩純真和無邪——邪難光明。

○眾生是佛，佛來自性；血肉之軀性速昧——昧除性明。

●人善種樹，先培其根；欲想植德養其心——心本仁慈。

○內容情節，唱工身段；燈光佈景台詞音——音樂聲動。

●人生世上，肉體母親；身死有靈性中親——親最溫柔。

○靈山會上，拈花示眾；迦葉尊者破顏笑——笑悟生死。

●專氣致柔，可嬰兒乎；抱元守一達至善——善以養德。

○七嘴八舌，烏烟瘴氣；滿城風雨近重陽——陽明去邪。

●中華文化，始於伏羲；宇宙萬物八卦拯——拯盡陰陽。

○明師指破，生死之門；玄關自性一盞燈——燈明性開。

●聖仙仙佛，就像嬰兒；純真無邪心性明——明淨無垢。

○四大假合，終歸消滅；唯有靈性永遠存——存非肉體。

●天上神仙，沒有國度；上帝之愛佛慈悲——悲憫眾生。

○太極始祖，太昊皇帝；河南淮陽伏羲氏——氏悟陰陽。

●太極太棒，太極真棒；健康長生太極棒——棒含磁電。

○無字真經，不在紙上；點傳師口附耳言——言必牢記。

●常清常靜，心空自如；無爭無名自逍遙——遙得神仙。

○人間言行，上天明白；塵世所犯死後算——算得清楚。

●斧砍樹枝，去掉劣果；雜草不除會蔓生——生揠好稻。

○因有此身，致有此患；設無此身患何來——來因患身。

●長大成人，方知是我；合眼朦朧又是誰——誰知死去。

○修不著形，心不著相；不行執著反光照——照自性明。

●靈性明亮，識透千里；念頭轉動須臾到——到想要到。

○迴紋針包，吃到肚內；滿腹委屈事難言——言喻受枉。

●莫被佛見，法見障住；萬卷常讀任竅通——通明生死。

○未曾生我，誰又是我；生我之時我是誰——誰知生前。

●尊為九五，佛法平等；貴固帝王實不幸——幸得修行。

○修道掃除，三心四相；七情六慾須看開——開明性淨。

●神仙四海，任爾遨遊；三界十方難控制——制不自由。

○百千法門，同歸方寸；河沙妙德在心源——源在自性。

●業識茫茫，流浪生死；貪月忘珠人生憾——憾失自性。

○不被物侵，不為境遷；竹密流水山雲飛——飛由性明。

●自性自有，般若之智；不能透處幾多難——難在不悟。

○智慧道糧，填滿空腹；禪海垂釣覺悟人——人明自佛。

●人之所知，大千世界；猶似滴水入海洋——洋溶無限。

○一點靈性，寄於凡身；宣囂世塵易物役——役沒泯滅。

●迷悟夢醒，愚慧菩羅；佛與眾生一念變——變分善惡。

○沈淪滾滾，紅塵浪中；輪迴不息流生死——死而復生。

●心性赤子，赤子心性；此事無關風與月——月照自性。

○用形下物，釋形上道；反觀自求以明性——性在卑微。

●世上法門，權且借用；開悟心性離諸相——相有難悟。

○神仙不難，難在不悟；忘掉諸相自成佛——佛本自有。

●無我無他，無人無相；無好無壞無無空——空空是空。

○雲山蒼蒼，江水泱泱；先生之風山水長——長虹〻波。

●善見非眼，善聞非耳；善說非口在意會——會明自性。

○世上法門，只是權借；到達彼岸筏捨去——去見真性。

●塵海關卡，何其之多；忙卡閒卡名利卡——卡除悟明。

○何人不是，忙裡老去；身在死前應明修——修悟心法。

●精滿化炁，見色不淫；遠離慾界難氣絕——絕非地仙。

○無聲無息，當下即是；默契涵藏不可說——說非自性。

●忘卻感覺，忘卻聞動；啞吧作夢只自知——知道自性。

○人仙地仙，神仙天仙；境界不同仙有別——別分層次。

●法性空寂，因果不爽；自作自受誰難代——代非自懺。

○炁穴保精，身可長命；守住下田精不失——失難人仙。

●煉炁化神，神與炁合；難聞呼吸精盡化——化為神仙。

○窮寒作富，心態正變；富久暴窮人難應——應適以淡。

●樹葉凋落，河水乾涸；群山枯萎大地寂——寂見本性。

○落花豐是，無情之物；化作春泥更護花——花得落榮。

●月圓月缺，潮起潮落；天地運轉變化情——情見天心。

○燦美花朵，人人喜愛；凋落殘瓣有誰憐——憐轉惠生。

●通天地人，世謂之儒；固通天地不通人——人云為伎。

○民主陷阱，正以詭辯；輿論廣獲邪暗入——入代以正。

●木落水盡，千崖枯凋；迴然吾亦見真吾——吾性洞澈。

○冬草寂滅，反藏生機；物化消長榮枯生——生反死機。

●四時嬗遞，冬去春來；物我運化生不息——息非毀滅。

○冰凍霜寒，草木凋殘；數點梅花天地心——心連宇宙。

●武將固雄，難偃文墨；縱橫敏捷擁健筆——筆掃千軍。

○山本無名，因人而有；雲問出岫因無心——心有難性。

●天道降世，普渡三曹；大道無緣擦身過——過了憾生。

○天上掛號，地府抽丁；人身求得大道緣——緣看自修。

●法性空寂，因果不爽；自作自受自承當——當難人替。

○自古寵子，未有不驕；驕子必敗教無方──方法成才。

●人有錢債，以賬還賬；自負冤欠命還債──債欠先清。

○棺材裝屍，不分老幼；末期降臨難善惡──惡皆受審。

●來手等待，機臨難握；積極爭取勝先得──得不人後。

○知識創造，思考求新；學習奮鬥自行銷──銷售夢想。

●修行路上，見解縱異；離經一字則魔說──說法本佛。

○滌淨迷霧，清除惡業；心法護忘破執著──著去我法。

●求了天道，冤欠驚怕；得卜難索魔為障──障先清還。

○道無難易，由己非天；積功滿德無障緣──緣得了緣。

●求道表升，債魂遠離；有佛擔保難一世──世人德修。

○人之良心，就是天理；則為原性本仁慈──慈合天心。

●常吃大蒜，可以抗癌；口嚼茶葉去辛臭──臭無禮貌。

○體內無氧，血管不通；使用天然有機鍺——鍺服除疾。

●權力蓋世，殃民空前；荼毒億萬文化殘——殘指暴君。

○欲了前債，功德層消；三施具足不再造——造必自受。

●淨身持齋，澹志寡欲；閉門燒香禪靜坐——坐忘寂空。

○仁見其生，不忍見死；心聞其聲難食肉——肉屍其腹。

●看人吃魚，臨淵慕魚；回家結網自捕食——食素臭味。

○佛有慈悲，但無感情；跪求不功靈難超——超得性清。

●橫眉冷對，千夫人指；俯首甘做心愛牛——牛勁難挽。

○人生自古，誰能無死；當留丹心照汗青——青名永世。

●心達而險，行辟而堅；言偽而辯記醜博——博順非澤。

○父心慈悲，觀照兒女；子孝報恩反哺情——情悖畜生。

●閉門論道，精氣內斂；思潮奔放侃侃談——談皆靈感。

○塘水無源，頃瀉易盡；泉水有源流不窮——窮必乾涸。

●野鶴扭項，先左而右；三十二下自劃圓——圓轉神清。

○識與不識，問好致意；點頭微笑因果生——生情得緣。

●三綱五常，六倫八德；父慈子孝兄友弟——弟恭和睦。

○家中菩薩，就是父母；捨近求遠何必拜——拜自菩薩。

●登上高樓，眺望遠天；手撫長劍嘯晴空——空?寰宇。

○日月風雲，悲歡離合；人生走過千萬年——年時輪替。

●中華武術，文化精髓；強國健身多發揚——揚於世界。

○中華道統，有異他國；兩岸人民富靈性——性得天傳。

●人生山水，彩色殊異；沿途風景有萬千——千仞寒梅。

○四十年後，觀前影像；似我非我難回首——首當惜陰。

●秦皇坑儒，僅四百餘；毛鄙掛齒實太少——少逾前暴。

○養尊處優，苦於多疾；終歲勤勞未嘗病——病因無動。

●上天之道，利而不害；聖人之道為不爭——爭必亂源。

○盤古開天，三皇奠基；五帝承傳千萬載——載道統合。

●天地為經，塵海為緯；點滴勾繪人世情——情得奧蘊。

○力爭上游，出人頭地；榮宗燿祖光門庭——庭前勤耕。

●點點風帆，遍佈江面；和尚謂人只兩種——種為名利。

○人世通病，好逸惡勞；生若無動難知福——福得去逸。

●法輪常轉，世道輪迴；福者常富貪常貧——貧常不足。

○知足感恩，服務助人；爭名奪利自然無——無限快慰。

●美夜良辰，北斗甘露；化解世間是非爭——爭無皆安。

○自謂無疾，病來則倒；身常帶恙反得年——年因調養。

●室有藏書，心靈豐富；貨擁滿庫仍感貧——貧貪不足。

○積德修身，調養性靈；攀登壽峰有何難──難在不明。

●心胸開朗，身常運動；人活百歲不是夢──夢得非逸。

○腹饑始食，未飽先止；散步逍遙令肚空──空無疾生。

●壯志固有，惜年衰老；死做鬼雄何不道──道求得仙。

○人之一生，就是奮鬥；身要健強得勞動──動無體病。

●夕陽無限，霞光耀眼；明月朝暉有待來──來將難長。

○台灣奇蹟，忘掉憂患；暴戾貪婪遍島上──上下同除。

●熱心工作，勝於收入；富翁謂否是信條──條非屬守。

○鳳凰不食，有生之物；麒麟不踏活動類──類列聖班。

●有修有得，無修無得；修了自得不修難──難代人修。

○欲免地獄，先除惡心；想除餓鬼斷慳貪──貪戒不獄。

●耶穌見證，收圓普渡；打幫助道眾仙佛──佛降中土。

○內在法度，是人良心；煉獄審判靈法庭——庭前性明。

●天之使命，大辦三曹；黃白紅黑人信愛——愛心化厄。

○自古至今，成仙得道；不體天心難正覺——覺悟好生。

●欲得人身，先學孝慈；想生天上持五戒——戒守可佛。

○欲成佛道，先用明心；因果不昧可性見——見性成仙。

●肉體機能，終會衰敗；地球毀滅何不然——然當速修。

○窮究聖理，抓住本心；天道顯滅是機緣——緣來不放。

●敞開心胸，安上翅膀；綻現微笑溫暖人——人人登佛。

○太空宇宙，是神所創；祂有能力毀掉它——它是氣數。

●拉曼尼腓，人本一脈；為了金財永殘殺——殺今不息。

○每人點燃，神聖火炬；抱著天道走萬國——國不分種。

●謙虛有福，可得恩赦；把握難逢聖機緣——緣到莫鬆。

○智慧人格，受到障礙；無法自轉神經病——病得心鬱。

●一生快樂，未有幾日；人經大難得悟福——福分聖凡。

○麻雀千隻，炒一盤菜；多嘴多舌歇後語——語含趣味。

●明師一指，可以回天；印證許可須得道——到來知修。

○服裝各異，人種不同；執著形象豈應有——有得打破。

●打開胸懷，接納萬物；怒火攻心招外魔——魔以邪入。

○鼓舌如簧，運筆如椽；難消肚腸咚咚響——響牢無名。

●天空地空，人空性空；修出空中真妙有——有有沒有。

○持齋守戒，淨身閉關；諸天仙佛靈交通——通合天心。

●楓葉粉紅，嬌艷滿山；醉得燦爛像晚霞——霞光照影。

○中華民族，列祖列宗；春秋祭典萬年行——行不忘本。

●山映斜陽，回光反照；繁華享盡見真淳——淳情淡靜。

○歷史長河，閃暫人生；曇花雖短但芬芳—芳令世範。

●悟空封官，名弼馬溫；猴尿腥臊避馬瘟—瘟馬祛病。

○行以車代，食必珍饈；衣以名牌住華屋—屋人短命。

●睹博之友，逾睹逾遠；喝酒之友逾渴近—近在推心。

○梅花何幸，春風先得；天涯芳草欣相逢—逢喜心歡。

●確定世間，因果報應；靈魂輪迴信不誣—誣人反受。

○真假信徒，皆是革命；中華文化尊總理—理當統一。

●晚之不晚，頑之不頑；玩之不玩完不完—完語妙善。

○人無希望，末日到來；天有日月永光明—明天復明。

●政府機關，有敵刺探；以暗窺明明必敗—敗先清除。

○真實自然，做人該具；虛偽造作難論事—事處本誠。

●內心純淨，靈性開悟；得力宗教洗濁塵—塵無煩苦。

○名非冥山，搜縱覓橫；何曾找着孽剎鬼——鬼正無鬼。

●罵讀書人，不識大體；措大腐儒酸秀才——才難負重。

○笑口常開，便是如來；見物發愁病難遠——遠當心樂。

●敵之匕首，插進心臟；命喪無常嘆奈何——何不先覺。

○師揹女渡，時久徒問；河過則忘何記心——心有辛苦。

●無得無至，不斷不常；不生不滅謂涅槃——槃無所槃。

○陰何陰王，張冠李戴；原來為了化頑惡——惡心惡報。

●鼻聞味香，耳聽惡聲；口貪生靈心邪念——念有難正。

○手亂舉動，眼觀異色；意追歪情履邪地——地當遠避。

●風雨侵襲，櫻難盡落；萬物一同賞日月——月冷霜寒。

○巴黎之東，埃彼爾奈；香檳省產香檳酒——酒名世界。

●亙古未有，戰犯改造；烜赫名位階下囚——囚房現形。

○人身之寶，珍惜尿飲；早晚一杯祛百疾——疾無體強。

●父母之體，出不忘恩；國家之士寄當報——報效拯救。

○相貌單薄，沒有威儀；言語不重難壓眾——眾敬才德。

●五洲四海，陌生相逢；互助互愛關慰情——情無中外。

○有緣無情，交談則去；有情無緣陌生人——人結緣情。

●因無名勢，皆欲求生；搶食批鬥嘆奈何——何不回想。

○貧中之貧，貧中之富；富中之貧富中富——富不心貧。

●既生為人，寶貝人生；美化藝術識豐富——富為拯世。

○理想愛情，世上少有；愛情理想世上多——多令人慕。

●出世修行，難謂消極；入世救人當積極——極諸善施。

○浮生奔忙，盛席華筵；悲喜千般夢一場——場皆幻滅。

●昨夜醒來，今臨死亡；木花未開已萎落——落悟人生。

○生而為人，做了甘願；從事行業不負心——心本良知。

●一草一木，一溝一渠；皆是昔日熟悉物——物睹傷情。

○昔日輝煌，有甚驕人；今日黯淡何傷情——情得以平。

●古典現代，相互握手；讀耕生活擁抱起——起始有終。

○紅袖啼痕，情癡抱恨；惜物葬花人多憐——憐愛感傷。

●人嗜欲深，天機必淺；心欲善德智常明——明不昧良。

○莫以媒體，做為陣地；不以文字當武器——器乃公用。

●出賣於義，入利非義；人出於利入於義——義得心安。

○貴州安順，縣非苗傜；昔明兵征屯漢族——族衣徽服。

●菩薩帶你，進了佛門；修行好壞在個人——人修自得。

○鬼權鬼失，鬼奪鬼權；鬼以小鬼祛大鬼——鬼吠鬼嚎。

●國有國史，人有人史；時空連結是歷史——史傳文紀。

○人愛打雁，終被雁啄；一朝蛇咬見繩驚——驚心宜惕。

●書香福田，深耕人心；人能愛書德行善——善潤心坎。

○劇遽變化，猛然省悟；聲震乾坤呼革舊——舊除迎新。

●大地沈寂，萬物湛然；心淨神清性明亮——亮無人迷。

○為了奪權，高舉亂旗；天翻地覆洩心恨——恨生無權。

●歷史何謂，時間累積；活動紀錄是人類——類存天地。

○家有智障，付出愛心；社會關懷當分責——責由眾己。

●心佛眾生，三無差別；佛是眾生人修得——得要自修。

○慧眼觀察，十方信眾；萬里音傳證禪心——心本菩提。

●熱情的眼，冷靜的心；觀察事物細分明——明辨是非。

○黃金健康，兩者孰重；徵問病人要那先——先得健康。

●馬上生竹，白頭在天；以火損火非二人——篤昊炎天。

○人上太空，環宇將同；幸見兩岸中華興——興本中山。

●所謂苦樂，認知有別；人生世間為奉獻——獻出愛心。

○地吐嚴霜，結固野草；天降薇雨洗高林——林幽心淨。

●鳥飛蔽日，聲揚十里；青海湖中萬鳥島——島上鳥集。

○俗人罵人，粗人粗語；雅士咒人皆玄機——機妙在語。

●髒話出口，惹禍上身；美言罵人反得情——情吐文雅。

○人之為美，因明苦樂；生之無愁難知喜——喜拾慈悲。

●大道輪迴，人生不苦；在世求樂先犧牲——牲知為人。

○時代潮流，浩浩蕩蕩；能順則昌逆必亡——亡因悖情。

●塵世道路，永難走完；人類途程生有限——限當奉獻。

○世上賢哲，非由天生；終日鑽研心悟生——生有智愚。

●佞人群裏，難顯君子；君子當中無佞人——人正遠佞。

○童稚望大，幼年希壯；長盼不老衰病死──死生循環。

●屈辱受盡，可悟真理；忍耐可促一切緣──緣由因成。

○自有工作，想想他人；互為協力當幫助──助人最樂。

●袋無金錢，不能遠行；世有知音互通情──情訴解難。

○外侮內患，民族分裂；中國歷代皆顯明──明白忠奸。

●物大值錢，人大人鄙；做人處世本謙虛──虛多必偽。

○白雲蒼狗，滄海桑田；世事變遷難逆料──料應觀察。

●謙卑懺悔，徹底認錯；去掉狂妄人必敬──敬其知改。

○人如自大，痛苦必多；人若妄貪難滿足──足知心樂。

●佞人小人，賓在難養；君子德人好對待──待因明達。

○天地神祇，萬物靈異；初一十五虔誠拜──拜為心安。

●君子孤行，恥於言功；佞人逆合工顯勤──勤於邀寵。

○動機不良，難謂清心；心無貪慾必品高——高因無求。

●非常變局，態度曖昧；塵埃落定爭論——論無立場。

○尊敬於人，人必反敬；鄙薄於人則受鄙——鄙因自大。

●皮笑肉非，難發內心；待人真誠表裏一——一本初衷。

○君子木訥，小人阿諛；德人藏拙佞偏辟——辟言中聽。

●君主之權，集於一身；民主之權集於眾——眾意難滿。

○佞諛周旋，巧言令色；狼披羊皮藏禍心——心懷叵測。

●活得痛苦，死得難堪；身負隱疾難明言——言必有辱。

○生為過客，死為歸人；長舌獠牙演民俗——俗藝鬼形。

●眾生必死，死分神鬼；清上於天濁下地——地藏普渡。

○屍骨未寒，琵琶別抱；父未出殯群爭產——產爭問孝。

●石破天驚，詭譎起伏；波濤駭浪看蘇聯——聯解為俄。

〇老驥伏櫪，志在千里；壯士暮年難雄心──心懷山河。

●惡夢醒來，身心解脫；人生難得美妙感──感性無窮。

〇靈魂上天，形魄歸地；心修善惡魂魄屬──屬於明暗。

●神鬼何在，無人可見；地府陰曹酆都城──城有鬼無。

〇人到閻都，問人見鬼；不看則有看到無──無惡難見。

●自認為笨，始知上進；常誇聰明必落伍──伍難美伴。

〇任何可失，不失自我；一切皆亡信心有──有必可成。

●脊椎坐骨，身背大樑；姿不扭曲難椎痛──痛因坐態。

〇睡覺有夢，多因幻想；世人殊異各不同──同人皆夢。

●人類鬼城，中國獨有；別無分號在酆都──都在四川。

〇奇妙世界，夢幻成真；心無幻想生平淡──淡然無味。

●感人溫馨，氣氛和諧；參與盛會心難忘──忘了境界。

○達官顯要，市井小民；社會聞人均雲烟——烟灰無影。

●擁財萬貫，月僅三餐；大廈千棟眠一床——床只七尺。

○夢有善惡，看人想法；身份地域論人種——種類不同。

●徜徉曠野，俗慮洗淨；看山看雲看藍天——天天心樂。

○愛書家庭，孩子不壞；喜好廣交有知友——友分損益。

●帝王將相，販夫走卒；環肥燕瘦皆塵土——土埋名利。

○朗朗乾坤，麗曰晴天；狂風暴雨霎時變——變幻莫測。

●名繮利鎖，世人難解；爭名攘利一生忙——忙到棺蓋。

○擁有清閒，萬金難買；年邁健壯前世修——修當鍛鍊。

●權把自己，鎖在斗室；吟詠苦讀樂在心——心憂天下。

○大陸神童，三歲執筆；天才畫家王亞妮——妮女展才。

●問題不解，心難舒暢；因想曠達難丟下——下策想法。

○天下蒼生，皆看爾為；假公濟私臭萬代——代代為公。

●十月政變，紅色解體；真理報刊無真理——理當革掉。

○一時委屈，何必介懷；千秋事業待人為——為民福祉。

●人慕您福，身繫苦中；看他清閒悶在心——心難人訴。

○身無長物，赤身降世；人去難帶地上有——有心難空。

●心役萬物，不為所役；身負成敗當慎行——行必無憾。

○富家子弟，沈迷不前；窮戶兒女勤啃書——書通反富。

●滿臉喜悅，暗然神傷；形態表現難一般——般如難知。

○堅持謬理，死不認輸；秉性剛愎不服人——人當眾服。

●望天興嘆，形影相吊；傷感前塵憶難忘——忘掉創新。

○人創事業，固靠運氣；智慧毅力看潮流——流向決定。

●看破放下，身當自在；留戀世物心痛苦——苦難丟開。

○兄弟鬩牆，樹黨爭權；急攻相援緩擊拼——拼殺得利。

●孕婦生產，當有陣痛；事經改造必紊亂——亂後大興。

○否定記載，文人無德；肯定事物皆有誤——誤宜反正。

●談皆飽學，往無白丁；觀看山泉看庭園——園景奇美。

○善惡好壞，因緣命運；身口意修看人為——為理情牽。

●天涯漂泊，嘗遍風霜；桃源看罷皆非春——春在心中。

○當機不斷，反受其亂；險謀成事洩密危——危因未先。

●北人豪邁，不惜乾坤；南人文靜性韌強——強中人強。

○在世奮發，必有前途；自暴自棄毀自己——己掌一切。

●事往好想，前途光明；心對壞去必黑暗——暗路難行。

○既生世間，難脫眾緣；緣中解脫無煩惱——惱生於心。

●山晚浮雲，落霞滿天；江風夜雨心空鳴——空谷梵音。

○代謝正常，身必健康；心有不適體必疾——疾生阻礙。

●天賦生命，本無極數；後天自損故有限——限期自控。

○修身律己，安身立命；化凡入聖超凡俗——俗人難聖。

●心靈沈潛，適性自在；飄飄清音潤吾身——身受其洗。

○赤手扶天，身挽狂瀾；丹心獻出國魂來——來禍必除。

●健康無價，萬金難買；生命有限須愛護——護反常道。

○身無健康，一切莫談；心有奮發前程亮——亮照光明。

●身不遭竊，難恨偷盜；心若受挫始明人——人當守望。

○恨人有錢，何不奮發；忌人得勢當創業——業得於眾。

●幸災樂禍，人不應該；有朝一日會自嘗——嘗當自侃。

○大火燒死，洪水滅頂；飛機爆炸誰可躲——躲因無常。

●得之固幸，失掉是命；錢財外物何認真——真性平淡。

○深沈漩湍，波濤洶湧；砥柱中流永不撓——撓非精神。

●歲月風霜，孑煢一身；雁行折翼兒女遠——遠當請安。

○逢兇化吉，機智可解；改變環境笑迎人——人悔形傚。

●多表同情，少加批評；天災人禍皆難測——測難人生。

○開路前導，後人跟進；心愛為善無惡人——人人好施。

●唇亡齒寒，孤掌難鳴；屏障依恃不容失——失前護持。

○精神物質，須本平衡；個人社會始和諧——諧可國強。

●人存希望，永遠在盼；晴天霹靂一場空——空不幻想。

○峰巒環抱，翠竹蒼松；夕陽餘暉鶴群躍——躍起舞妙。

●貪慾憂慮，孤單內疚；苦悶空虛怨情仇——仇解心安。

○莫愁不大，只欠歲月；怨恨隨身何苦來——來了皆消。

●別忌人有，只怪自懶；莫責人錯先約己——己清人服。

○事看人謬，永難進步；處世謙恭必有得——得在人緣。

●人世造化，各有不同；個人環境論差別——別修仙域。

○蝸牛角上，所爭所事；石光火中寄此生——生如閃電。

●吟到美處，幻影湧現；讀至愛恨忠奸現——現以筆伐。

○錢不妄貪，該得應得；官不媚求憑幹才——才看智能。

●畫家神童，王女亞妮；執筆之前跪祈禱——禱來靈感。

○飲食男女，開門七件；米麵夫妻無必哀——哀難神仙。

●事別苗頭，兩敗俱傷；忍讓一步皆獲利——利前深思。

○思慮純淨，一片空白；筆起靈感湧不斷——斷了祈禱。

●清風明月，不能代飯；人不勞動難為食——食必知美。

○有始為始，無始為終；無大為大無小為——為小於大。

●人微權輕，得假副監；身微權重祈重託——託命導行。

○世上午餐，沒有白吃；坐食祖產非好漢——漢子自食。

●芸芸眾生，迷惑顛倒；曠劫沈淪佛憐憫——憫非有志。

○天地生命，肉弱強食；宗教全能是空話——話解人愚。

●錢遺子孫，饜甘飫肥；紈絝哥兒難知進——進不人鄙。

○精誠所至，金石為開；祈靈天地必得靈——靈以心求。

●負笈異域，苦學歷練；家非富有多打工——工錢無價。

○貴豪子弟，難有上進；貧苦寒門多庭榮——榮耀祖先。

●以財發身，其人必仁；以身發財必不仁——仁當施德。

○狂奔嘻戲，放浪形骸；忘掉危險足受制——創難責人。

●雞鳴狗盜，城狐社鼠；嘯聚結合害人民——民不為非。

○在世人正，造福人民；歿後為神得天佑——佑爾為善。

●為學創業，吃喝玩樂；人生大事任由選——選看人為。

○沾沾竊喜，施澆冷水；世人驚慄心難安——安於表象。

●天上神靈，不管世事；地下陰魂難見陽——陽為陰知。

○財勢曾有，終落虛空；權妾固擁難伴老——老當身健。

●佛論因果，道講轉生；神通靈異千古傳——傳於萬代。

○以秤稱人，莫若稱己；以計謀人先損己——己不害人。

●驚駭不安，輾轉床笫；世事突變難獨撐——撐得人助。

○前面死路，既然不通；何不改道另選途——途徑非一。

●神權時代，人為神制；民權來臨受政制——制以人定。

○弄鬼作法，走火入魔；人秉正氣邪必颺——颺去無踪。

●太空浩瀚，天文難解；銀河星外宇宙多——多少太空。

○流雲翻嶺，身若盤石；崖間泉畔絕俗塵——塵慮全消。

●來去湛然，心若晶丸；光明透滿出人天——天上神仙。

○論學談業，皆難人彼；言厚語淡均勝人——人不相較。

●身體髮膚，終老無傷；人生幸福祖德留——留當珍惜。

○悠悠宇宙，將無窮盡；人類降世本神聖——聖人勿凡。

●清風兩袖，明月一肩；足踏彩雲上雲霄——霄難帶物。

○紅塵萬丈，青山不染；曾無一點到茅廬——廬在雲峰。

●欲望不大，溫飽而已；志向不高守職位——位穩得性。

○九十耄耋，滿月嬰兒；塵世輪替永難停——停必無史。

●跛駝禿瞎，人生無奈；殘臨於身疾難推——推前不損。

○進了佛門，并非遁世；為研智慧拯眾生——生生不息。

●如來前世，受王分身；反仇為恩先度彼——彼是阿難。

○天垂金線，明師臨凡；濟世渡迷救性命——命得點傳。

●有佛之處，就會魔現；佛之與魔在自心——心不為動。

○世人執著，反以聰明；自己迷昧說人愚——愚人憐愚。

●歡樂喜悅，質變難享；肉體物慾久人輕——輕暫心厭。

○鑽出迷網，心性光明；蹈開愚昧自求新——新知永得。

●秉守忠孝，色身頂劫；靈性歸天千古崇——崇於節義。

○體雖殘缺，靈性完美；生前勤修立功德——德足果得。

●人之因果，不息循環；累世之因今生結——結以德施。

○人在年少，自尊特強；稍受刺激反應烈——烈分好壞。

●醜陋無奈，看成過去；美麗燦爛是未來——來破迷惘。

○幸福火花，永遠不熄；詩藝風秉難消失——失當再得。

●不惜生命，自毀其身；歿入地府靈難超——超未保體。

○殺害生命，有違天德；冤債牽纏因果環——環無清口。

●累世因果，循環相報；兒女討債爹娘還——還了兩清。

○人世有法，陰間置律；欺人容易瞞天難——難不昧心。

●暮色蒼茫，萬家燈火；無限風光在玉山——山護兩岸。

○飛躍時空，越過長虹；山河大地宇宙參——參悟得佛。

●延年益壽，宜從養心；養性養命美體淨——淨身齋戒。

○教主證道，仙佛結緣；善魂顯化中慈悲——悲憫誨示。

●氣界神祇，地府善魂；山妖水怪皆求道——道得回天。

○秦皇漢武，文韜武略；唐宗宋祖皆風騷——騷客盈門。

●誇讚某人，稱揚某事；上鞋肏錐子針好——好有本領。

○鄉在縣城，縣在省城；省在都城建會館——館庇鄉梓。

●觀音心腸，維摩口舌；彌勒肚皮金剛公——公正廉明。

○省察存養，是在有事；存養省察在無事——事後檢討。

●這裡是山，那裡是水；山是水是是不是——是有非是。

○韓君來台，跟於軍旅；芳為筆訛正是方──方為本名。

●人在彼境，心在此境；境彼境此彼此境──境有非境。

○中華互助，教育發展；嘉惠學子基金會──會惠清寒。

●孔子做人，老子處世；洋鬼研技去辦事──事本科學。

○有守有為，有靜有動；不貪不憎心不癡──癡不為愚。

●你來看我，我來謝你；我看你謝謝爾謝──謝無是謝。

○此地山好，彼地水好；好山好水山水好──好無是好。

●奢靡夢境，逆旅舞台；繁華易逝曲終散──散人再聚。

○寒冬清涼，炎夏暖和；樓底樓頂賃樓眠──眠知酸味。

●紅塵之中，誰無感受；人生之旅坎坷多──多散溫暖。

○安以養福，寬以養氣；省以養財儉食慾──慾少人壽。

●高峰頂上，回顧無邊；孤無人知月照泉──泉寒心寂。

○人生無常，急早回頭；慨嘆親友相繼去——去因不悟。

●法身清淨，似若琉璃；肉眼看來那得知——知當勤修。

○山水湖泉，亭台樓閣；奇花異木勝景殊——殊看人賞。

●途遇絕地，心能曠達；人到無望不求憐——憐當勇敢。

○事少當貴，早起當富；安步當車菜當肉——肉食腸結。

●泉中無月，月在青天；天心照人人知玄——玄中得禪。

○世事變遷，浮生若夢；勸人看破莫爭氣——氣有人愚。

●欲識人生，玄妙真處；請讀寒山百首詩——詩含迷悟。

○犬羊視蟲，人視犬羊；天視人類明苦樂——樂知淨土。

●忠孝仁愛，信義和平；行有一字在世上——上得天堂。

○有限人生，無限愁腸；何不丟掉看開來——來修未來。

●我之生日，為爾歿年；生死輪替是歷史——史演人生。

○有形身體，無形靈魂；身存短暫靈永久——久當淨修。

●名利富貴，一時幻景；色身肉殼皆假合——合於四大。

○中國國父，兩岸尊崇；北京香山碧雲寺——寺衣冠塚。

●萬物化境，莫疾乎風；移風易俗導著興——興先賢者。

○江湖道上，義在利前；利於義先難角頭——頭頂義利。

●文學工作，性耐寂寞；人非寂寞難文學——學作沉思。

○人生塵世，有緣皆空；萬古長存是真性——性靈光照。

●靈性投身，合於塵緣；矇蔽污染迷物慾——慾心早淨。

○求道在尋，修道在悟；辨道在渡成在明——明心見性。

●心沉下來，好好想想；前因後果應檢討——討不自滿。

○孤陰不生，獨陽不長；陰陽和潤雨澤降——降和道成。

●有隻小貓，吃生柿子；真是澀迷隱色迷——迷歇後語。

○故事情節，角色特性；寫作手法多分析——析明下筆。
●年齡近百，國際競標；田徑賽跑王鼎昌——昌為國榮。
○西洋芹菜，檸檬蘋果；紫色高麗菜打汁——鳳梨柳丁。
●七情六慾，發以中節；行不中和則喪性——性食宜深。
○險惡環境，心不氣餒；突破難關見光明——明志在人。
●魔考降臨，心本鎮靜；不為其算須堅定——定宜常態。
○人之學問，非表一切；工作態度與熱誠——誠決成敗。
●形骸殘缺，愛心完整；器官捐贈不人後——後先人為。
○衣食昧理，善忘失認；溥儀堂兄溥心畬——畬藝非凡。
●貧人暴富，持盈保泰；能有幾人得享久——久當知守。
○古稀始恨，昔未得仁；沙場老兵卸戎衣——衣衫難補。
●講學之處，稱為杏壇；軍駐之地謂柳營——營門森嚴。

○善牧馬者，為群馬想；善牧民者除亂民──民問何亂。

●心死情亡，把愛燒灰；愛亡心死情付炬──炬燃愛情。

○度盡眾生，念無一度；心美淨化最高界──界難俗比。

●東海養晦，塵海隱逸；微語人間論是非──非常山人。

○競選花車，熱鬧滾滾；百般手段在當選──選後歡愁。

●繭紙有書，皆為晉帖；錦囊無句不唐人──人人飽讀。

○溺愛不可，以治於家；寬縱不可以治軍──軍以嚴整。

●盛年難再，日只一晨；及時勤勉歲不待──待人何待。

○油鹽酒少，少膽固醇；食後千步多運動──動宜常動。

●人類活動，皆表文化；大至軍國小至言──言吐俗雅。

○天色蒼蒼，原野茫茫；風吹草低見牛羊──羊馬皆群。

●成吉斯汗，一代雄生；征服歐亞蒙古人──人是中國。

○流淚撒種，歡欣收割；深耕耘鋤當豐穫——穫因曾苦。

●情是自願，愛難免強；人性起愛卻終情——情高本愛。

○楚相黃歇，封邑春申；斷頭河鑿黃浦江——江在上海。

●風雪蓋地，不相往來；寂寥落寞蒙古包——包皆家人。

○馬上雄風，縱橫草原；馳騁千里一日返——返因識途。

●樂歡開朗，自然健康；心情愉快精神爽——爽得登山。

○情亡之人，生懷絕望；將死之人人性失——失念親人。

●發現身上，異狀硬塊；早做檢查利治療——療無癌生。

○哀兵上陣，穩住樁腳；提振士氣打勝仗——仗由全體。

●心無愧怍，無不自得；人有貪戀妄難安——安須去想。

○漢奸當知，亡國痛恨；恥做外奴走狗腿——腿為族用。

●身披彩帶，輕靈曼舞；敦煌壁畫莫高窟——窟藏佛典。

○既問蒼生，亦問鬼神；不信仙佛靈何歸——歸向理天。

●薄情矯情，偽情欺情；傷情哀情心無情——情出真情。

○人之苦悶，引為自煎；己之快樂讓眾享——享皆情得。

●一九九三，十一二九；北美出現月全蝕——蝕時一時。

○鏡裏容顏，朝夕不一；腹肌固肥悔已晚——晚霞美麗。

●天上人間，現世未來；把握人道修天道——道成南屏。

○忘情痴情，多情專情；淡情昧情人泛情——情得誼情。

●表情吐情，隱情露情；悲情嘆情少苦情——情悟人情。

○愁情悶情，心情憶情；知情得情該明情——情通理情。

●愛情友情，義情豪情；親情痛情知人情——情悟道情。

○災情患情，藝情群情；個情家情明國情——情知惜情。

●午夜孤燈，寂靜疾寫；一人據桌話無人——人有反吵。

○世情懶情，惰情至情；病情深情和淺情——情當同情。

●結情解情，軍情戰情；戰情兵情及諜情——情應變情。

○詐情矯情，詭情留情；憫情愚情去狂情——情不悖情。

●失情得情，丟情去情；損情害情難容情——情豈憂情。

○神情禍情，護情捐情；室情窗情得學情——情昧難情。

●紙情薄情，厚情存情；私情公情失戀情——情難了情。

○文情詩情，讀情書情；感情志情與意情——情需通情。

●抒情紓情，胸情臆情；測情色情帶溫情——情懷親情。

○住世一天，當做善人；為官一日行好事——事益百姓。

●暗情明情，懷情陰情；陽情裏情通外情——情得其情。

○僑情鄉情，移情異情；思情別情傷離情——情各有情。

●說情講情，敘情述情；訴情論情要合情——情挫表情。

○負情違情，達情皆情；恩情窗情人重情——情連襟情。

●有情無情，了情探通；牽情沒情事關情——情商可情。

○歷史煙塵，湮沒痕跡；浪淘雄豪難留名——名傳有幾。

●盛情師情，洞情窮情；富情高情連底情——情柔濃情。

○畸情奇情，怪情歹情；惡情善情先親情——情別激情。

●望情聊情，山情水情；遠情近情左右情——情服始情。

○柔情姻情，冤情怨情；恨情消情嘆孽情——情了何情。

●含情災情，哭情淚情；調情媚情潤渴情——情難殉情。

○兩耳不聞，窗外世事；一心祇請科技事——書專易明。

●酌情醉情，酒情吃情；雨情夜情得興情——情需言情。

○生活困頓，工作挫折；事業失敗莫灰心——心死難談。

●江南勝景，渠泊縱橫；十里青山半入城——城為蘇常。

○天生萬物，育養人類；人要以德以報天——天懲惡罪。

●人生價值，希望踏實；不為虛名誤終身——身踏實地。

○盡情縱情，可情衷情；初情鍾情別依情——情捨恨情。

●認為成功，就是失敗；心存失敗會成功——功不驕滿。

○心學可法，誓不承疇；衛國豈畏強敵迫——迫降非雄。

●孟本性善，荀言性惡；韓子主張無善惡——惡由境遷。

○簞食陋巷，學學顏面；車馬清裘為子路——路皆友行。

●此槽不好，想跳那槽；石頭滾動難生苔——苔由定發。

○寰宇地球，人是過客；自然山林草木主——主不喜污。

●種情高情，偷情窺情；虧情演情識風情——情表難情。

○常情客情，逾情損情；談情冷情和熱情——情非浪情。

●垂於天地，千秋萬世；人間真壽在文章——章句傳永。

○眼空四海，鞭達萬古；雷聲雹舌筆生光——光耀千秋。

●松之與竹，經冬不凋；歲寒之梅冷開花——花為三友。

○事情交情，物情緣情；表情裏情搞關情——情多可情。

●苦心之中，常得悅趣；得意之時便生悲——悲因失挫。

○五萬華工，契賣八年；異域冤魂佣古巴——巴人蔗糖。

●頃刻光亮，榮顯當代；千百詩吟萬戶侯——侯難抵情。

○鄉無君子，山水為伍；里少德人松竹友——坐琴酒伴。

●世上之事，一人難知；獨一難成博採治——治眾若寡。

○青雲志隨，人生快事；翰墨香留永傳世——世上尊崇。

●風聲月韻，林籟溪鳴；詩人乃眸慧彩神——神傳靈音。

○人之疾病，從小預防；老來身體必健康——康由鍛養。

●話不說明，心必多疑；事關權益先表明——明白宣告。

○一道彩虹，色麗燦爛；生命短暫難持久——久是天地。

●上頭吃素，下不為素；上雖不素下卻素——素養身體。

○不堪回首，必須打碎；邁開大步勇往前——前途無量。

●心中幸福，自會領悟；別人眼裏何高興——興不虛榮。

○利益前題，讓難心平；人不看開多煩惱——惱因貪得。

●新婦難做，慢慢調適；常得婆心失嫂意——意揣人情。

○冷眼觀人，冷耳聽言；冷情當感冷心思——思理明晰。

●無平不陂，無往不復；剛柔相對變在中——中幻難測。

○為大前題，聯合鬥爭；運智爭益莫鬥氣——氣後財失。

●地獄人爭，飯搶人鬧；天堂人讓飯夾人——人先無聲。

○自然之美，始為真美；無心之喜得真善——善出以德。

●得道不難，難在明師；修道不難看人行——行在生活。

○天下靈秀，獨鍾門第；教子有方綿世澤——澤被蒼生。

●讀不耐苦，學無所成；境不耐苦難望功——功得逆生。

○事之主從，不失權度；辨識智力看閱歷——歷多測驗。

●不不喜歡，是人之事；難找缺點攻擊我——我立場穩。

○德化道人，晉武句容；葛洪前世抱扑子——子修羅浮。

●巧人焦勞，智有多愁；愚翁何喜復何憂——憂忘無憂。

○山木在山，莫嫌無用；大網籠禽不自由——由風擺動。

●力戒驕奢，捨棄權勢；官家兒郎無紈氣——氣由書養。

○責難謳歌，同情鄙視；識見感受見仁智——智分大小。

●人之生命，猶如文章；在於內容非長短——短當益世。

○讀書吟詩，滋潤性靈；散文寫作通心情——情得古今。

●心無城府，人難應世；城府太深多生戒——戒前智對。

○俺本淮上，佃農寒民；昆仲六人唯識書——書愧精通。

●抗日中期，投入陣戰；軍校黃埔幸錄取——取赴長安。

○休憶塵海，人間歲月；廣寒星月照天庭——庭集群仙。

●宇宙之上，俯瞰塵濁；羅浮山中修道清——清心為仙。

○沒有昆蟲，不生萬物；世無禽獸難人類——類皆平衡。

●心中傷痕，必須抹去；昔曰風霜應忘掉——掉了輕鬆。

○七歲啟蒙，私塾前村；縣西朱宅拜師讀——讀霍農高。

●入伍鳳翔，甄試長安；三載苦讀熬卒業——業後洪山。

○智力角勝，才藝遊戲；博奕勝敗測攻守——守不攻敗。

●嚴守此心，斥拒外誘；心猶烈火遇物燒——燒無須冷。

○奕智力求，進退取與；攻入退下主在心——心掌全局。

●君是淮右，一個牧童；未隨陸沉落東瀛——瀛島偷生。

○積喜餘慶，不善得殃；作惡無善惡果來——來是報應。

●一生成敗，榮辱不針；卸卻征塵為國憂——憂患餘年。

○縱觀奕棋，法用於兵；局不盈尺戰鬥場——場分輸贏。

●寬放此心，厚待眾生；心似陽春人皆暖——暖世神教。

○閒逸安靜，奕棋消遣；對坐角智非口舌——舌不出聲。

●鬚眉皤白，矍鑠抖擻；清帝作壽千叟宴——宴慶乾隆。

○綠野懸天，千山萬嶺；林木蓊鬱遍地生——生看澳洲。

●更新身心，莫過斷食；減食喝水流質用——用增復常。

○在隧道內，只容一車；正反方向兩點過——過因時異。

●雖不年輕，曾年輕過；人縱年輕終會老——老有何傷。

○是非成敗，得失榮辱；悟盡名利轉頭空——空難留痕。

●致和之道，在於謙沖；立信之法在開誠——誠無難物。

○莫因身處，最高峰頂；遂叫浮雲遮望眼——眼往底看。

●政治鬧鐘，曇花一現；歡迎歸來難忘懷——懷沈君山。

○忘掉過去，不想未來；從現在起自零始——始作人生。

●浮生若夢，似猶飛鴻；江海波濤英傑送——送往迎來。

○寒雲天外，妙音璇飄；直超聖境脫紅塵——塵染難脫。

●學術道德，堅持真理；工作良心守勤奮——奮有績效。

○上下下上，由他上下；好事任由我自為——為所應為。

●人之無知，時有無樂；人之有知常知苦——苦得知多。

○情之痛苦，來自心知；情之快樂起心痲——痲木無知。

●榮辱興衰，塵事浮沉；浪淘英豪古今情——情變難控。

○心隨物轉，永難開竅；物隨心移智悟開——開不迷物。

●婚後四通，眼情心應；嘴巴甜蜜車慢行——行經隧道。

○入境隨俗，固然遵守；同桌共餐中國人——人不忘本。

●要言不繁，元氣不傷；事少焦慮慧內光——光亮照心。

○鐵城牌好，學良勝了；牌底我知他贏了——了因易幟。

●大蒜洋蔥，食品良藥；生熟大蒜洋蔥生——生吃多食。

○千里做官，為因吃穿；肚填不飽皆枉然——然貪歹官。

●角色扮好，全力以赴；謙虛為懷忍苦行——行到目標。

○有怨不記，無仇可結；施恩不念何望報——報施恩人。

●少發脾氣，百神和暢；不滲煩惱心清涼——涼神悅歡。

○與人無求，不諂不驕；和人不爭可圓方——方內外圓。

●今曰始悟，心即是佛；前身安知余非僧——僧守規戒。

○四壁無物，獨自沉思；賃房吳興有數遷——遷情烙痕。

●體貼腸胃，調和鼎鼐；執兩用中不偏倚——倚斜時病。

○學富五車，書抄七車；補白大王鄭逸梅——梅寫文史。

●祁山六出，孰憐孔明；博浪誤中笑子房——房策失算。

○莫太固執，處世隨緣；不自稱大人親敬——敬人律己。

●竹蘭雅石，節香有骨；滿堂君子四時間——清風拂之。

○凍死不烤，燈前之火；餓死不吃無意食——食皆正大。

●征蠻班師，五月渡瀘；肉麵饅頭祭河神——神享水平。

○道通天地，有形之外；德蘊陰陽無影中——中含性和。

●彭祖八百，猶嫌壽短；石崇富甲尚恨貧——貧不妄得。

○父子情緣，兒女親緣；夫婦因緣友誼緣——緣生惜緣。

●風雨書聲，聲聲入耳；家國世事事關心——心繫天下。

○埋光埋名，養智養慧；隨動隨靜志內外——外不染塵。

●曾參臨壇，慈悲於余；老有所終終南屏——屏山為歸。

○詩文雋語，東撿西拾；零縑殘柬皆美句——句含禪味。

●黃耆當歸，人參枸杞；川七丹蔘抗衰老——老當多食。

○文韜武略，金戈鐵馬；曠古絕代兩偉人——人為中華。

●處眾處獨，宜韜宜晦；若啞若聾如癡醉——醉非真醉。

○青山白雲，日出月落；物換星移幾度秋——秋水天長。

●肚土高歌，易水風寒；地老天荒訣別情——情關山河。

○以柏子仁，與酸棗仁；遠志菖蒲燉稀飯——飯治健忘。

●地大物博，文化悠久；政治統一雄世傲——傲依科技。

○東都洛陽，掘出古碑；一輪古月照中華——華憂千秋。

●寡欲養身，修名避世；勤動練體以延年——年賴德得。

○不忘初心，不變隨緣；不請之友舊惡忘——忘了無仇。

●金錢女人，人難超度；權力高峰誰願丟——丟須看開。

○道統肯定，舉統開出；政統繼續三統立——立國文化。

●人之澹泊，固為高風；太枯難濟人利物——物得潤和。

○酌以寬嚴，以處家事；斟以豐儉以理財——財用適當。

●清廉耿介，一塵不染；安貧樂道袖清風——風發當世。

○以退為進，以無為有；以眾為我以空樂——樂以虛大。

●千錘萬擊，烈火焚燒；粉身碎骨留青白——白為石灰。

○人之憂勤，固為美德；太苦難適性怡情——情本樂觀。

●淡泊明志，頤神養心；樂天合德享餘年——年日開朗。

○愛憎情懷，世人難免；善惡心強是非明——明白愉快。

●不佔便宜，難謂作賤；事多膨脹豈稱謙——謙抑人敬。

○方寸懷念，務令愉快；何忍韓苑任荒蕪——蕪難振神。

●七十年來，憂患相隨；餘生安樂可相期——期待不一。

○滅怨去仇，消災除業；清口淨身不殺牲——牲畜何辜。

●億星億光，光照無極；一雲一佛度有緣——緣無佛難。

○看縫插針，見隙灌水；製造矛盾難為人——人善補漏。

●生死茫茫，孤魂荒山；相逢難知淚千行——行人遠離。

○敢同世間，情愛何物；生死相許悔非人——人因境異。

●悲鴻道藩，心愛碧薇；同命中風三角戀——戀皆腦死。

○山東文聖，著作春秋；山西武聖看春秋——秋水文章。

●星耀億光，環繞諸佛；雲星五色護高僧——僧低難映。

○貴賤相忘，貧富互恤；憂樂與共存亡顧——顧此失彼。

●寄情山水，以遣愁懷；奈何無友難愉心——心望遊興。

○暮春三月，江南草長；雜花生樹群鶯飛——飛向藍天。

●風蕭水寒，壯士不還；秋風秋雨秋煞人——人雄英烈。

○荊軻作古，後不見來；天地悠悠獨流淚——淚念蒼生。

●物質生活，固然改善；心靈空虛待加強——強增學涵。

○謫戍情懷，心何能愉；韓宅無苑芳難香——香風豈振。

●花麗有毒，人美鉤魂；物豔奪志捨成佛——佛當棄凡。

○力固超人，氣能蓋世；時勢不濟奈若何——何必氣餒。

●世有人類，難脫爭戰；宗教愛情利名生——生善除惡。

○經史子集，詩詞歌賦；辭章義理驕散文——文出有據。

●近以靜事，心能約己；遠以惜福為延生——生當思維。

○杜康有子，名叫黑塔；老爸釀酒兒造醋——醋產夏朝。

●惜福不貪，滿懷感恩；心情愉悅何所求——求多人苦。

○知天者聖，知地者智；知人者賢知物明——明無必昧。

●非洲黑眼，亞洲褐眼；南美紫眼北歐藍——藍眼珠異。

○萬里尋兄，華容釋曹；秉燭達旦水淹軍──單刀赴會。

●承恩知恩，感恩報恩；塵世人生莫忘情──情得反賞。

○牛肉難燉，加醋易爛；魚骨刺喉飲醋軟──軟不必傷。

●旱澇成災，烽火為禍；流徙異地避害劫──劫臨跑反。

○胡亂幻思，門通智竅；鑽人深研常悟理──理明靈開。

●幸福轉禍，僅只一瞬；禍轉幸福得一生──生當慎為。

○承您關懷，心愉感情；人遊韓苑可振神──神忘方寸。

●心尚曾未，過分之事；身常少有不安時──時間無怍。

○明智大學，倉聖畫像；落泊少年徐悲鴻──鴻在上海。

●愉悅笑容，何能忘懷；韓國草綠振心神──神不方寸。

○心懷感激，情當愉快；人無恩義何言德──德發於仁。

●真情至性，心何能忘；感懷故友永愉忻──忻來無憂。

○投入經典，論語老子；生命智慧心開悟──悟於大千。

●樂不淫蕩，哀不至傷；動不損體言不亂──亂難服人。

○蠻荒大地，身披樹葉；腰圍獸皮似巨靈──靈自倉頡。

●智豈焦勞，悟得心樂；愚人少洗窩伴憂──憂以天下。

○人生理程，崎嶇狠險；多少辛酸難述言──言各心明。

●塵世人生，朝夕工作；為家辛苦為生忙──忙該早悟。

○山靜雲開，鳥啼花豔；水流淙淙入禪境──境由心造。

●財施法施，行無畏施；執著功德無功德──德由不明。

○人類族語，何只千數；宗教派別有上百──百有異同。

●讀書多少，無關重要；勤於勞智立世前──前程光明。

○道在天地，無限寬廣；自然純真人人有──有難羈絆。

●禪儒靜坐，就是打坐；道以養命謂煉丹──丹心性明。

○和尚員外，為口相爭；不是和尚非員外——外人豈賞。

●南京廣州，重慶台北；大陸台灣皆曾都——都看中國。

○四十六億，年生地球；六萬年前有人類——類育萬物。

●無志於學，尤墮於工；創業無技難求生——生不為歹。

○日出而作，日入而息；鑿井而飲耕田食——食不外求。

●時空隧道，歷史反觀；千古哲語慧炬藏——藏須靈心。

○人處朝夕，內心探明；何必以卜論吉亮——亮難為外。

●惰性於人，與生俱來；反懶為勤自主動——動得鞭策。

○有頭有尾，無尾有頭；無頭有尾頭尾無——無人疑田。

●院中無人，門內有人；十字路上人壘人——人口閃傘。

○車行路途，時會拋錨；人在世上有跌倒——倒盼友扶。

●歡愉溫馨，何人不樂；開懷暢敘皆大喜——喜從心發。

○恬靜簡橫，雲淡風清；名利得失皆浮雲——雲煙往事。

●蕭何韓信，永懷方寸；楚漢爭霸振軍心——心助漢功。

○田有和尚，難謂和尚；和尚無田豈言田——田上和尚。

●輕清昇天，重濁墜地；性命雙修可瑤台——台上蓮品。

○謙卑為懷，人何不敬；恭謹忍讓世必欽——欽德愉心。

●歎老嗟卑，憂國憂民；人事我事人我事——事如人心。

○感懷傷情，心何能愉；情懷愉忻樂何如——如何愉懷。

●女為補血，服四物湯；四君子湯男補氣——氣血十大。

○做人坦白，固是美德；善意謊言無傷雅——雅多穿幫。

●遣懷愉心，何不勤為；因愉懷情樂如何——何懷能愉。

○大宇圓融，神物一我；剎時流轉去來今——今為道客。

●愁是一日，樂亦一日；何不捨愁以取樂——樂當其樂。

○人何愉心，因懷仁德；懷無慈悲愉何來——來愉懷何。

●高坐崇嶺，觀山賞水；慨陳往事悟時人——人當警惕。

○幻想夢想，空想理想；人生有想勝無想——想得兌現。

●橫眉冷對，千夫所指；低首甘為孺子牛——牛性剛強。

○海角天涯，山邊水窪；心安神靜身為家——家不慮床。

●右肩擀石，右胯帶球；二人頭頂光禿禿——禿頭似天。

○醫理不精，易誤人命；情理不明斷必傷——傷人心恨。

●鶯囀柳林，松舞鶴飛；鹿遊山谷澗鳴蛙——蛙叫蟬應。

○山前山後，皆懸瀑布；村右村左均沛流——流向東海。

●山水現前，臥石觀賞；松鳥奇花潤眼目——目得以福。

○去年此門，桃花相映；人難知處花頻笑——笑看春風。

●輪紅日照，映現群峰；百文飛泉萬壑松——松風舞妙。

○塵世情仇，何妨一笑；臨去拋淨不隨身——身輕靈昇。

●霜紅滿目，封路山徑；彷彿桃源物外遊——遊人神悅。

○清潭水暖，漁翁釣樂；鳥語花香春色美——美化人性。

●寶劍何用，指甲多勞；除邪名大惜難覺——覺魁捫亂。

○塵世游子，情厚意濃；曰落故人心難捨——捨不入眼。

●悠遊塵世，得失不計；老去情懷當灑脫——脫掉枷鎖。

○敢以雄強，昌以運途；但將勤奮惜年華——華髮易霜。

●清風當是，自家為好；開出繁花睦鄰人——人不自美。

○閒種門前，翠竹千竿；橫掃人間萬古愁——愁去人樂。

●古稱儒將，唯數孔明；寥寥千載有虞王——王為陽明。

○心地廓清，克己工夫；有一毫存眾惡來——來當掃除。

●人難如意，如意人難；萬事如意難如意——意當如意。

○如如我意，當如人意；人我如意可如意——意難如意。

●參于機事，機心必生；初閱心喜似下種——種分善惡。

○看人挑擔，不感吃力；事非經過不知難——難人不難。

●閒心無事，曰為我享；若未忘世間心忙——忙無淡忘。

○轉因為果，覆果為因；前身業報今生受——受無當修。

●寡廉鮮恥，忘恩負義；大逆無道悖倫常——常帶心肝。

○愛財常情，古今皆然；不道無義悖出入——入難久守。

●珠玉非寶，節儉為寶；富貴不貴健康貴——貴當珍惜。

○天性可改，人命能移；性存向善命轉貴——貴得一心。

●在前在後，非爭一時；十年滄桑後在前——前人無進。

○背向陽光，暗永在前；只轉個身影躲後——後難美豔。

●人有情緒，難永高低；心悟了解始知樂——樂在體驗。

○心情放假，人人當做；體驗自然去外遊——遊解愁煩。

●煩惱快樂，相因以生；工作休息勞逸分——分明無損。

○無去無來，動靜一如；三身一法億相乘——乘佛無二。

●人癡有情，山嵐水月；庭花鏡影無不美——美反變醜。

○人在孤獨，心無可惜；不愛寂寞實可哀——哀昧善用。

●前世有情，今生相聚；為了重見故暫別——別後看緣。

○工作累了，停下休息；弦蹦太緊容易斷——斷前鬆解。

●勤奮節儉，固人美德；體逾工作過勞疾——疾逾得息。

○昨日紅顏，今日衰邁；塵世人生夢一場——場中過客。

●海角天涯，遍嚐酸甜；遁跡塵寰伴書眠——眠醒悟惜。

○秦始皇帝，求藥長生；徐福率童赴東瀛——瀛島建國。

●情化憂傷，心當進取；體無勞鬱精神爽——爽必去疾。

○改變別人，該何容易；自己改變再及人——人後己前。

●自己行為，懂得負責；由稚成熟算長大——大不為歹。

○外國月亮，未必明圓；異域作鬼終遺憾——憾生認知。

●劍玉銅鏡，三種神器；神武天皇是徐福——福為自父。

○湖北興山，島紗峰腰；明妃生長昭君村——村在三峽。

●赤心不保，純真有瑕；欲返童稚無城府——府深難人。

○不明感恩，何以惜福；不知施予難積德——德生慈悲。

●手握隻筆，面對格紙；心靈豐盈無寂寞——寞非墨乾。

○對人尊重，無非尊己；對人傲慢人反慢——慢不非人。

●春風春雨，潤澤眾生；秋霜冬雪成萬物——物得水長。

○千載一時，機緣難在；一時千載春秋長——長留人間。

●喜悅企盼，稚心傷痛；好壞引領忍守等——等看等情。

○富了不驕，固然容易；貴了好禮較比難——難不禮敗。

●人知心竅，邪思枉念；覺自消融靈丹藥——藥點鐵全。

○佛行世間，方便皆佛；佛法殊途同歸佛——佛度人佛。

●人能弘道，非道弘人；天道廣傳參你我——我為前鋒。

○文學領域，古代現代；靈機穿梭多來情——情描衷情。

●三界唯心，萬法唯識；心迷失了快找回——回心識明。

○三分地球，看美德曰；居安思危中國人——人和無敗。

●去山為岡，丘陵為阜；花崗米崙取人名——名明輩序。

○戰亂歲月，流浪時代；人間鄉關隨白雲——雲天足跡。

●公共場合，人集多寡；心靈環保地無物——物有品污。

○愛到深處，人無理智；為伊入獄心豈悔——悔不當初。

●顯微鏡下，看透細胞；醫己心結難悟透——透不情蔽。

○海從未枯，石何爛過；天若有情月常圓——圓去恨圓。

●韓園花美，振神懷情；方園香悅可舒悶——悶解乾坤。

○年屆退休，日日週日；黃金歲月無用愁——愁非因錢。

●孤城絕地，保衛島民；援無彈盡終不降——降非永福。

○人在演戲，識破恩愛；自隘情網摔不掉——掉非看開。

●女友結婚，新郎非他；為情失落看不開——開闢他徑。

○情懷何愉，因何愉懷；懷何愉心去韓苑——方苑振神。

●謗欺辱笑，輕賤惡騙；忍讓由避耐敬他——他年再看。

○心不迷失，何來行屍；人若無心難謂人——人忙心間。

●慾無止境，不儉必害；有求必應難謂愛——愛兒當察。

○十萬買宅，百萬買鄰；里仁為美擇處鄰——鄰看季稚。

●中日之戰，美國立場；撤出華北東北地——地不還中。

○中華民族，幸免曰奴；長期抗戰終不屈──屈非蔣公。

●東亞共榮，曰奴稱雄；對美不戰中國危──危及世界。

○名韁利鎖，虛名身段；一切放下心無掛──掛難放懷。

●心靜喧寂，機忘夢間；忙中不忙塵何擾──擾非外因。

○擇書而讀，擇人而交；擇言而聽擇地行──行必安全。

●長城戰役，曰逼平津；塘沽協定裕仁令──令回原線。

○御前會議，對美作戰；偷襲珍港滅海軍──軍分故敗。

●曰不主戰，保守果實；中國苦難將更長──長春為宮。

○生老病死，轉眼雲煙；榮華富貴一場空──空難現實。

●塵世歲月，甘苦風霜；強半光陰客裏拋──拋向煙塵。

○有筆有書，有骨有膽；亦狂亦俠亦溫人──人世為豪。

●自古多情，空留餘恨；好夢由來最易醒──醒了已晚。

○歷史故事，是在昨天；現實情節今天明——明天未知。

●人做學問，應該自主；利祿功名非負命——命得祖庇。

○同窗共讀，同桌寫字；同盪秋千同踢球——球圓人缺。

●享譽杏壇，春風化雨；名師高徒頭角露——露潤學子。

○百歲開懷，人有幾日；一生知己三五人——人當慶幸。

●雲橫秦嶺，家在何處；雪擁藍關馬不前——前問韓愈。

○昨日掌故，寫完入史；今日節目尚待明——明日難演。

●橋中開啟，利便船航；廣州珠江海珠橋——橋合通車。

○入洞掏金，出穴銷金；塵工汗酒共齊飛——飛看人生。

●擇善固執，貫徹始終；克服困難勝環境——境由智克。

○不棲人間，翱翔蒼穹；被捉咬舌命歸天——天堂鳥性。

●五色祥雲，常罩聖賢；夢懷日月產雄豪——豪生為民。

○剃度出家，僅修為己；入世度眾擔重任——任勞任怨。

●李鍾張呂，藍何韓曹；八仙成道顯神通——通天靈性。

○生於堅困，長於戰鬥；成於理智終道義——義薄千秋。

●名利欲念，填滿心坎；情義忘掉難人類——類有善惡。

○顯官後裔，看破紅塵；遁入空門多學佛——佛不外求。

●開國雄主，以夢神化；創業賢豪多託異——異於常人。

○習俗移人，先宜立志；環境惡劣師古人——人挫不餒。

●劉邦凡人，製造神化；白斬青帝謂真龍——龍承時勢。

○元未大亂，群雄併起；創建明庭朱元璋——章法嚴明。

●天下事物，能悟必哲；人世情懷煩苦樂——樂先知憂。

○物質需求，儘量求少；精神食糧不厭多——多煩無益。

●手把秧苗，插滿田內；低頭便見水中天——天由人通。

○動筆寫傳，託筆難真；漆枝加葉皆非宜——宜由自為。

●幼受激刺，易發為雄；少時了了大未必——必由自為。

○人生際遇，分分起落；成敗榮辱要看開——開心無疾。

●面對逆境，須要勇氣；少年坎坷老易成——成因曾苦。

○閒愁不愁，苦從何來；忙碌不碌樂在心——心悟難有。

●心境清淨，方為悟道；退步原來是向前——前程明照。

○左平回亂，奕棋隴西；前贏後輸謂進步——步讓於前。

●心懷遠圖，欲穫佳果；準備可為勝利點——點滴無巧。

○成功果實，絕難倖致；只論運氣必失敗——敗不力前。

●歡樂無多，青春苦短；少壯難幾奈老去——去問何人。

○外王工作，投身塵海；內聖休閒去溪林——林中看雲。

●山河大地，皆擁清輝；賞月何必在中秋——秋月傷情。

○繁華看盡，滄桑一瞬；塵世雲煙轉眼逝——逝去復來。

●人無情味，雖人難人；事乏目標縱成難——難謂事功。

○對人難言，欲說還休；欲道天冷好個秋——秋月寒霜。

●知者樂水，仁者樂山；儒家情懷樂山水——水得源頭。

○我心自有，光明月色；自古團圓本無缺——缺情不缺。

●奇峰突起，暗流洶湧；前浪後浪幻莫測——測難究底。

○在世無污，人我不債；留個清白在人寰——寰宇人崇。

●只顧人情，枉論是非；社會利害難辨明——明當無有。

○心能放下，就是解脫；身置物外塵不牽——牽情必苦。

●由一粒沙，看到世界；經一朵花窺天堂——堂美人幕。

○寧欺官賢，莫欺皇天；讚美成功慰失敗——敗中站起。

●牆倒人推，但我不推；搶打鋒鳥我不打——打必有悔。

○中國強大，何人敢污；國若衰弱遭外鄙──鄙大自私。

●長生久視，壽得清寡；塵囂纏身命必短──短急放下。

○免受塵埃，半點污染；鬧中樓閣自淨心──心明如鏡。

●笨蛋早飛，笨牛勤耕；笨人快做笨不餒──餒生無志。

○犯病不吃，犯法莫做；不戴金銀好為人──人好人敬。

●寧讓弱小，要敬衰老；人不狂大人必佩──佩因讓恭。

○論言十遍，不如行一；文做一篇勝看十──十難實際。

●山林幽閒，心情神怡；忘掉塵埃煩瑣情──情淨心爽。

○超人智慧，謂為先覺；悟明精神鄙物質──質無難存。

●技以謀生，藝以養性；學以薪傳問以益──益得無損。

○人不節儉，鐵定損福；心不知止多殺身──身亡偕亡。

●一啄一飲，固非天定；拂逆自然遭天遣──譴由自取。

○鯰魚黑豆，不要加鹽；煮熟豆肉每日吃——吃白瓜子。

●夜深人靜，神形相接；魂遊太虛心中明——明世浮沉。

○天鵝不吃，喜吃鴨肉；家花不愛好野草——草藏玫瑰。

●憨厚誠實，受人信賴；狡詐取巧人必防——防其出賣。

○物搆不到，萬勿墊腳；身站不穩易跌跤——跤由貪起。

●人在福中，宜遠離禍；身在禍中當邀福——福中有禍。

○擁有夢想，人生快樂；實現夢想尤高興——興研創業。

●人之相知，貴在知心；事之相付在知才——才堪負荷。

○著書填詞，人格反射；辦事良窳看能力——力以勞智。

●為學立業，志不可墜；遊山玩水心要放——放了當收。

○天無私覆，地無私載；天地絕不私貧人——人當勤奮。

●利欲熾熱，即是火坑；貪愛沉溺為苦海——海闊無憂。

○曲阜孔廟，衢州孔廟；前為衍聖後奉祀——祀皆孔裔。

●滿堂花香，三千客醉；一劍寒霜難塵寰——寰宇人醒。

○生命難謂，吃飯呼吸；事業不是來應付——付出收回。

●樂人之勞，人樂其樂；憂人之憂人其憂——憂樂塵世。

○星移斗轉，塵世滄桑；六朝金粉嘆鍾山——山看園林。

●社會得病，人為醫生；國家有難眾承擔——擔委難人。

○道冠古今，德配天地；刪述五經垂萬世——世尊孔子。

●功名利祿，過眼雲煙；電光石火瞬間度——度看人生。

○飛瀑流瀉，氣勢磅礡；湖泊縱橫似夢幻——幻九寨溝。

●萬劫煩惱，因有此身；無戀無厭逍遙人——人不情塵。

○藏巧於拙，用晦而明；寓清於濁屈為伸——伸知顯隱。

●幼不識月，叫白玉盤；疑瑤台鏡飛雲端——端今鑑古。

○人生四苦，生老病死；四苦當中病最苦——苦無先防。

●小病不斷，大病不生；體悟人生明世情——情通生死。

○塵世污穢，清掃容易；心中塵垢難洗除——除非無俗。

●找人關說，為人關說；接受關說三皆行——行必公正。

○商代成湯，建都亳州；華佗曹操木蘭邑——邑在皖北。

●大智不彰，大器晚成；大音希聲大業小——小步漸宏。

○身難無病，病無人雄；雄多作怪無戒心——心悟因病。

●塵世男女，愛與不愛；生活人間皆感苦——苦無看開。

○紅塵碧海，情困人愚；自裁殺人何苦來——來尋他路。

●塵海男女，雙雙對對；雁行折翼難人生——生當看通。

○一片彩虹，萬里晴空；晚霞人生遠景美——美必珍惜。

●喜生悲死，人世常情；隨喜隨緣要看開——開悟何悲。

○極樂天堂，輪迴煉獄；人與美醜一線隔──隔美必美。

●江山風月，得閒則主；人間好事心賞美──美由自定。

○劍斬情絲，心苦單戀；癡瞋不去終自毀──毀難人諒。

●人之愛美，為生天賦；事之求好是眾求──求難完善。

○榮辱毀譽，苦樂得失；勘破生死難縈心──心當豁達。

●雨過天晴，一輪月圓；人到終點哈哈笑──笑無必苦。

○為非作歹，心下地獄；光明正大上天堂──堂中無暗。

●歌頌哭泣，幽怨瘋狂；哀嚎沮喪愛苦情──情慾交熾。

○中風嘴歪，原地扶起；針刺十指兩耳血──血出病好。

●執著一道，性命雙修；條條大道通羅馬──馬上入竅。

○知多非福，語少含智；晦則身藥明伐性──性為兵鋒。

●金銀財貨，永難守用；富貴人驕自遺咎──咎不明退。

○萬事萬物，固能透徹；明師未點難知曉——曉無牽掛。

●求道之後，修煉百日；打幫助道心立愿——愿償人天。

○反了固殺，不反亦殺；遠比恐龍還恐龍——龍子何辜。

●心性高傲，執於功德；倚仗權勢終難佛——佛性慈悲。

○精神健旺，恂恂儒雅；不疾不徐話言出——出於學者。

●欲界色界，與無色界；界界唯有是心作——作無得佛。

○千萬經典，雖未讀過；但經明師點可修——修上理天。

●飛瀑急流，白雲悠悠；藝壇宗師蓬萊島——島去君亡。

○健康愛情，美麗權能；財富名望幸福有——有無心樂。

●自古好夢，最易警醒；鏡花水月多成空——空當惜夢。

○錦衣珠光，感情貧乏；紅顏未衰恩先斷——斷無恩義。

●自承委屈，始能體人；不嚐勞災難知因——因無人德。

○男宜性情，女要心淨；天清地寧天下平——平等為人。

●國危始覺，江山妖嬈；世亂始知骨肉香——香灑河嶽。

○權利名望，雲煙飛過；生命短暫似流星——星空塵沙。

●物質鳳凰，心靈麻雀；拜金夢幻多人生——生宜惜情。

○綺夢香澤，心靈疏離；豪門怨偶在世情——情難得心。

●貧人有道，心富則仁；富人敬貧胸懷德——德不鄙人。

○志誠感佛，意誠感神；心誠感人身感物——物吾一體。

●逢人滅歲，得人心喜；遇貨增值讚尊貴——貴不離譜。

○臨江豈羨，飛帆逞勢；下筆長為驟雨聲——聲上雲霄。

●不入黑道，難知道黑；人入黑道難自拔——拔得自明。

○一心清正，萬家生福；兩肩負重百姓安——安作各業。

●生死勘破，無有恐怖；榮枯看開難得失——失賤反貴。

○愛是緣根，當知割捨；情為欲本要力除──除無得牽。

●衝破黑暗，點燃蠟燭；多點一炬更明亮──亮由眾燃。

○塵世道路，修通中庭；一條金線達理天──天人合一。

●深入其門，易明其竅；欲得虎子先探穴──穴探始明。

○一心難私，益民利他；無我為公天下平──平等看人。

●放下私欲，淡泊自然；閑行閑坐任榮枯──枯木反榮。

○世事茫茫，風吹白雲；百年富貴草上露──露乾草枯。

●善事莫吝，惡事別樂；見善若渴聞惡聾──聾無心安。

○為善心樂，道理最大；人慈得壽凶暴亡──亡因不德。

●世無古今，育才是急；學有因事變通雄──雄當為國。

○不得而得，得而無得；無得全得無限得──得在因道。

●時無前後，神有大小；白陽天榜皆殊勝──勝得勤修。

○感謝天恩，感謝師德；人有感謝始有福——福因普傳。

●慈悲赤子，憐憫慈愛；謙虛寬容溫柔心——心印相接。

○欲察世變，莫若以道；想看業識當以佛——佛本心修。

●災劫頻至，浩劫將臨；跳出三界去理天——天可藏身。

○江浪淘盡，千古英雄；荒草淒清伴孤墳——墳埋煙雲。

●黃金白玉，有不為貴；唯無人身求道難——難當早求。

○如來上帝，觀音菩薩；神仙光大果位高——高須信仰。

●清靜無煩，心空自如；不爭無名自快樂——樂昧則苦。

○事至全美，怨不妒責；行到至醜愛不掩——掩護難過。

●仙謂業障，就是因果；明師點竅業障除——除非不指。

○民族興衰，忠奸易別；遺臭容易流芳難——難在判忠。

●面對長官，做好部屬；面對部屬好長官——官當恕情。

○掃除文盲，捐款興學；克服無知辦教育──育才國用。

●孟曾通儒，元郭腐儒；軍閥尊孔皆假儒──儒有三種。

○佛門雖廣，難渡無緣；得緣堅信有愿渡──渡上法船。

●以前現在，皆能瞭解；智慧打開是本性──性明自己。

○見人一非，不忘百是；看人一惡懷百善──善有去惡。

●病塌呻吟，英雄末路；千古悲情嘆奈何──何不悟道。

○豪門權貴，陋巷顏回；窮通問人才不才──才有變命。

●格致誠正，修齊治平；哲學思想一脈承──承前啟後。

○黃泉道上，善惡兩程；善因惡果陰陽明──明白分述。

●亮為魯沂，瑜出皖舒；赤壁鏖兵敗曹雄──雄峙鼎三。

○龜鶴長壽，多因腹空；人欲得年當少食──食豐胃塞。

●人本修練，處處青山；心守道場皆綠水──水潤智田。

○馳騁紅塵，自性難悟；人生來去路當明——明白智開。

●舌劍寶劍，慧劍心劍；口無舌劍心良善——善德人敬。

○大足石刻，神呈百態；藝絕千秋密宗像——像在四川。

●雙手上托，是為吸氣；下覆吐氣合掌吸——手放吐氣。

○人生宜有，高超志氣；逼人傲氣氣當淨除——除得人助。

●蓬萊仙島，望皆求道；天時一轉再來難——難必速求。

○般若智慧，點燃不熄；不戀肉體身上物——物外心燈。

●研理修道，沉迷紅塵；取捨矛盾人判知——知心解性。

○擦亮心窗，抹去塵埃；良知覺醒就是道——道心滋養。

●悲歡離合，剎那度過；曇花一現如夢魘——魘際早醒。

○萬仙菩薩，倒裝降世；乘愿再來助三曹——曹皆得渡。

●來日方長，去時苦短；閃電流光看人生——生必明道。

○永恆毅力，不變信心；博愛胸懷施予人——人本慈德。

●看破紅塵，心無浮沉；悟透生死少憂苦——苦去明道。

○人身難得，中華難生；明師難遇道難逢——逢幸皆得。

●風來疏竹，過不留聲；雁渡寒潭不留影——影幻解脫。

○不被物蔽，不為情牽；清明醒覺智慧開——開悟人迷。

●金玉其外，鉛華掩蓋；敗絮其中難回天——天堂須淨。

○不求勝人，但懂超己；看自缺點莫指人——人心明朗。

●參明情緣，聚散無常；昧知人生多愁煩——煩無知樂。

○人死留名，虎死留皮；軀殼斷氣臭皮囊——囊內捐出。

●天道垂世，暗釣賢良；道在師傳修在己——己先之愿。

○平淡悠遠，激情短暫；素淨生活壽命長——長保無爭。

●飛身縱峰，輕燕穿芒；任意飄從踩雲光——光閃仙蹤。

○見性是功，平等是德；求道不是護身符——符以心行。

●貧者心富，富者心貧；貴者勞形賤神逸——逸閒得神。

○向道求道，修道得道；道無所得無限得——得不要失。

●修性自渡，修命渡他；性命雙修真功德——德先自德。

○您修您得，我修我得；得無不得人難代——代天命點。

●黃粱一夢，幾多春秋；迷途佛子早回頭——頭腦清醒。

○人道修和，可達地道；地道自可達天道——道在生活。

●清風明月，任我觀賞；乾坤寰宇自遨遊——遊於虛空。

○人若作善，天降百祥；人如作惡降百殃——殃及祖孫。

●日看道書，其心必善；常煉心性道心長——長視命永。

○茫茫大漠，無艮蒼穹；當年蘇武秉節心——心繫祖國。

●荔枝花醜，毫不美觀；玉液瓊漿果汁甜——甜心養人。

○迷因該做，但悟未做；若不知錯愈陷深——深誤今生。

●平地坦途，車豈無蹶；巨浪洪濤舟可渡——渡因共諧。

○妄念俱滅，內必明徹；肅然淨坐則成佛——佛合天心。

●王道文化，仁愛和平；功利武力是霸道——道德遠棄。

○罌粟花美，豔麗無比；果肉藏滿毒汁液——液飲人亡。

●自命平凡，不斷努力；自許天才固步封——封刃難前。

○總角締交，情逾骨肉；為因利害各分道——道論情義。

●眼中了了，心下匆匆；遇目成誦不濟事——事得方寸。

○惹有塵染，向中懺悔；修練功滿可回天——天人同樂。

●蛇有蛇路，鼠有鼠徑；人有人道顯神通——通了則靈。

○偉人天才，庸人蠢才；芸芸眾生同歸宿——宿命難挽。

●茫茫大地，滔滔人海；多少兒女情難解——解了苦無。

○風雨人生，需愛照拂；長途跋涉情滋潤——潤心得福。

●無雨花落，不風絮飛；朝來寒雨晚來風——風雨無常。

○勝為難勝，勝中無敗；敗因無敗敗難勝——勝得敗起。

●善為心造，惡由心起；無善無惡難因果——果有甜苦。

○賤口人鄙，賤力人敬；賤事羞做謀生艱——艱苦自知。

●生命萬眾，恩愛多變；苦樂相得千百種——種因感情。

○追求目標，不得難止；人當擁有夢多醒——醒了已晚。

●情愛旅程，朝秦暮楚；得隴望蜀人性醜——醜化為美。

○偶然邂逅，暗裏吃驚；似曾相識前世緣——緣生情種。

●萬事流水，情何獨免；苦樂鍾擺搖不停——停知酸甜。

○情路縱險，風霜雖惡；人難絕世離塵寰——寰宇淨清。

●欲得淨土，先淨其心；聖人求心愚求佛——佛非外得。

○法不說法，佛難得佛；一念證時證元佛──佛本平等。

●根器愈劣，智巧愈深；得便宜處失便宜──宜人宜己。

○萬物可繫，唯情難鎖；黃山都峰固心橋──橋鑰棄谷。

●乍見驚喜，雙頰飛紅；一縷情絲深繫彼──彼心難連。

○得心本來，可言了心；盡人常道論出世──世入拯人。

●凡夫取境，道人取心；凡夫逐境生其心──心不境轉。

○千得萬得，一切都得；無常難得命不得──得了沒得。

●心若險曲，佛在眾生；一念慈悲眾生佛──佛由心修。

○時空會變，容顏易改；塵世無常又耐何──何不早悟。

●傷人自傷，莫愈生氣；忍得煩惱增菩提──提起放下。

○人若心平，何勞持戒；行如行直何參禪──禪悟得悟。

●七情六慾，孰能免俗；四維八德修可聖──聖得佛隨。

○道既不同，志己難合；各人前程自己走——走先勿怨。

●天性在人，猶水為水；凝釋雖異物是一——一非質同。

○守為蓄力，攻是目的；人生戰場論攻守——守為再攻。

●世人不悟，佛是眾生；一念悟時眾生佛——佛本在心。

○傲氣稚氣，一概脫掉；塵埃障礙不能留——留了難修。

●痛心疾首，髮豎齒冷；怒目裂眥似有怨——怨棄人德。

○步步為營，處處設防；先求穩當再變化——化己化人。

●一點傲氣，三分癡情；做人寬恕有餘慶——慶無閒愁。

○禍福之分，善與不善；毀譽之別恕不恕——恕人勿怨。

●誠浮於偽，喜盜虛名；貌似恭順胸城府——府名險詐。

○狂叫之狗，不會咬人；咬人之狗不妄叫——叫人難防。

●智慧德相，眾生皆俱；妄想執著難證得——得去佛來。

○天地之心，蒼生立命；萬國九洲伍風月——月照大同。

●攬鏡照面，心中泫然；絕難繫曰藥難顏——顏為時變。

○煮茶私酒，書畫琴棋；參禪練功話人生——生多情趣。

●外示嚴謹，內懷鴟張；投機取巧善觀風——風露人防。

○外迷著相，內迷著空；自蔽光明貪塵境——境纏難脫。

●心不住法，道即流通；心若住法名自縛——縛法難道。

○世不清淨，心本清淨；處於紅塵無紅塵——塵心不執。

●憂極心勞，體衰血敗；年未五十白髮生——生修好死。

○心淨如鏡，性照神明；攬盡世間萬物情——情悟憫生。

●把意誠住，萬事全靈；苦情全無意本誠——誠開金石。

○把身練好，萬活全做；到處有緣身為本——本立道生。

●唸佛拜懺，禪修讀經；打幫助道清口愿——愿立了愿。

○偉大事業，體力耐力；日行不休七年後——後步環球。

●怨恨情煩，怒妄口業；舌吐蓮花心善解——解反求己。

○把性復明，萬事全知；災殃全消性回天——天性人守。

●把心定位，萬事全通；困難全無心定一——一得專功。

○危難同濟，風雨同舟；生命共同體相連——連同生死。

●現察十方，憑著慧眼；音傳萬里證禪心——心同天合。

○神通指謂，天眼天耳；他心神通宿命通——通漏盡通。

●佛所以佛，長覺不迷；形不執著不著相——相生難佛。

○生為眾生，長迷不覺；妄想執著難入佛——佛得自性。

●昔造諸惡，始貪嗔癡；一切我今皆懺悔——悔業不生。

○下士好爭，下德執德；妄心貪求難道味——味得真性。

●無總統牌，沒主席牌；有民主牌人民牌——牌子正直。

○白陽寶典，豈可輕傳；非是緣人不得遇——遇幸求道。

●貧不足羞，羞其無志；賤不足惡惡無能——能難為賤。

○行善修道，非給人看；貪求福報難謂德——德發內心。

●崇尚名利，惹眾交非；樹大招風當自檢——檢問言行。

○見性養性，煉性化性；眾生莫失質靈明——明心無垢。

●一切眾生，皆具佛性；凡有佛性修成佛——佛得自性。

○命由我做，福自己求；極善極惡皆可轉——轉命由人。

●老不足嘆，嘆老虛生；死不足悲悲無聞——聞世何悲。

○寒花耐久，春夏則否；人經苦難多堅實——實不虛生。

●福患之降，天之困人；正以成人人必功——功非災難。

○心就是魔，處處出現；萬慮妄想魔擾心——心不思非。

●遊手好閒，滿身嗜好；不務正業魔擾身——身當勤奮。

○人怕染塵，故思離避；塵在心裏豈身外—外難了塵。

●以身為主，走向地獄；以心為主苦海路—路看自選。

○風霜之威，天之殺物；正以成物物得成—成以寒酷。

●樹經風霜，葉茂根固；人歷憂患德慧生—生於離亂。

○憂愁煩情，生氣上火；行坐不安魔擾性—性本清靜。

●好事壞事，都不動心；對與不對不動性—性定成佛。

○志是佛根，意是神根；心是苦根身孽根—根性分明。

●以意當人，走向天堂；以志當人佛國路—路先宜慎。

○佛在靈山，山在心頭；人有靈山塔下修—修我自性。

●吐句美言，對人佈施；自己莊嚴應多為—為種善因。

○人錢事話，該許應許；改變命運可一生—生得受惠。

●得失苦樂，相扶相倚；互為其根知因果—果得因種。

○遭受苦難，遇到挫折；不要怨人自甘得——得果奮前。

●世上事物，因果相承；人生行為受五行——行善解脫。

○性心身合，才能得道；志意心身四界合——合可成佛。

●感恩心情，面對事物；慈悲為懷救蒼生——生不負人。

○要想做個，佛門龍象；先為眾生牛馬人——人樂自苦。

●給人信心，給人歡喜；給人希望給方便——便人自便。

○女畏生育，出家清修；背道違孝不嫁人——人非解脫。

●洗淨塵垢，還心無染；天清月現朗照空——空與佛遊。

○絕代傾城，欲彈琵琶；媲約爐內公扒灰——灰頭土臉。

●落陽彩霞，徒思故梓；龍華會上偕回天——天上重遇。

○德由小事，施恩無緣；田看收成重結果——果得恩因。

●蓬萊仙島，卸卻征衣；浮沈塵海淡味情——情不憶昔。

○人多缺乏，掌聲喝采；生少寂寞難體情——情濃淡味。

●平淡歲月，安靜度日；淨心禮佛何所求——求道靈昇。

○莫嫌人老，自會臨老；有德活老當敬老——老是國寶。

●淡中知味，靜裏見境；無過是功無怨德——德由善為。

○古稀始悟，七十九非；抗日內戰幸未殞——殞了難台。

●想不到手，妄想則苦；利不能得不妄貪——貪捨心樂。

○塵海之中，有您不多；無您不損何妄狂——狂人悖世。

●光華亮麗，暗淡無光；境界不同論人生——生有榮辱。

○敢哭敢笑，敢愛敢恨；敢說敢罵有敢勇——勇不傷德。

●廬山石工，浩嚎歌亮；氣勢雄偉漢民族——族音震天。

○宏觀思想，缺必無識；狹隘觀念人難雄——雄不自昧。

●遨翔藍天，俯視大地；河海遼闊原野景——景色如畫。

○兩權爭鬥，一明一暗；以暗鬥明明必敗──敗因不明。

●不懂歷史，何以為人；尤其做個中國人──人人看史。

○失去青山，人無所依；家國不存難身寄──寄皆熱愛。

●吃自己飯，說自己話；沒有國家談何易──易己為奴。

○寄身國外，反觀國內；強弱分野心自明──明無國痛。

●不戰屈人，啟戰力戰；戰難言和和避戰──戰以止戰。

○乙密聯丙，逼甲抗丁；棄丙護甲甲容丙──丙因戊俘。

●聲譽可盡，江天不可；丹青可窮山色不──不可盡得。

○事情臨身，動腦想法；心憔增擾無濟情──情緒穩定。

●煙雨淒迷，緣色悄悄；花自飄零水自流──流向詩境。

○漢滿蒙回，藏僮白侗；土家布依維吾爾──彝哈薩克。

●站在路上，看著行人；車輛景物心不動──動皆妄念。

○寨名石寶，含奇美怪；依山古老將封寨—塞移建壩。

●外洋國名，茫然不知；兩江總督曾國藩—藩辦邦交。

○亂世文史，不值一鎮；千古流傳賴記載—載之青史。

●夜夜浪狂，溫柔慈光；風格背馳愛滋病—病得皆恐。

○人生五關，生死美人；金錢名位情面關—關越神豪。

●孤峰拔地，四壁如削；形似玉印石寶寨—寨位蜀忠。

○梯雲巍峨，氣勢雄偉；獨特風貌石寶寨—寨為木質。

●愛無風雨，情有晴陰；愛有冷熱心無情—情變愛譎。

○今夜有夢，夢中有山；山中有泉泉月水—水中有蓮。

●福德因緣，如鹽加水；罪業鹹味會清淡—淡無再增。

○家能勤儉，亂世可興；身能勤讀愚可賢—賢智世崇。

●遇人之行，心不自明；高世之功人莫居—居謙厚隱。

○馭將之道，最貴推誠；不貴權術貴賞罰——罰對眾服。

●征伐作戰，不慌不忙；先求穩當次變化——化敵為用。

○善因善緣，改變命運；命運定型錯誤觀——觀人德施。

●做人之道，剛介自立；處世敬恕以養心——心守德慈。

○家世可貴，非在置田；子孫自立學無驕——驕去人敬。

●用兵之道，最貴自主；不貴求援貴聯合——合作殲敵。

○歷史翻案，正反不同；忠奸國賊劊子手——手段看用。

●處理事務，無聲無臭；既要精到復簡捷——捷足完工。

○御人共事，廣收言由；勤教嚴繩量才用——用之以公。

●戰場詭譎，變幻無常；危疑震撼澄心定——定慮發速。

○若論女輩，不盡為美；今女不才唯謂德——德由識培。

●塵海浮沈，古稀尚存；感念祖德陰庇佑——佑非為私。

○販夫走卒，非是命定；聖賢英豪自養得——得由後天。

●人處順境，有處境行；身處逆境逆境心——心甘情願。

○治事五端，經合綸分；詳思約守分工做——做了驗果。

●世上偉業，出於不忍；無窮進境不自足——足堪警悟。

○萬里江山，固有人掌；千年世家塵世少——少因畜散。

●人遇困境，竭力排除；消沈沮喪不應有——有非宿命。

○佛謂隨緣，可以轉運；儒謂處世得化俗——俗轉紀運。

●苦酒甜酒，看人品嚐；順境逆境得心轉——轉壞為好。

○能量浪費，不在一亮；塵世人生應儉用——用在值得。

●內心源泉，融合自然；迴眸一笑足千古——古今奧秘。

○琴瑟調和，多少樂事；鶼鰈情深共白頭——頭頂無黑。

●比翼雙飛，如魚得水；閨中之樂豈銷魂——魂不為迷。

○詩書何罪，遭秦焚劫；劉項原來昧讀書──書人識宏。

●文人何辜，貶為老九；知識無價不值錢──錢難買智。

○行到水窮，坐看雲起；一片幽香心情閒──閒處該閒。

●敢問世間，情是何物；直教人死生相許──許看值得。

○富似高山，連綿疊起；財源廣進如潮湧──湧皆黃金。

●身強體壯，常保健康；能得平安便是福──福來知享。

○桃李不言，下自成蹊；滿腹經綸無著文──文章傳世。

●不虞之譽，美得意外；求金之毀壞來不──不該獲得。

○天邊彩雲，固然美麗；虛幻縹緲難實際──際從得益。

●英雄豪傑，湮滅成泥；人世烽烟銘刻心──心表出師。

○兩朝開濟，功蓋三分；志復漢祚五丈原──原逝孔明。

●普通俗人，常守宿命；極善極惡豈束縛──縛無施善。

○一年四季，春夏秋冬；天天都是讀書天——天以人轉。

●仁厚刻薄，是壽天關；謙卑驕滿禍福得——得之虛讓。

○天如圓蓋，地如棋局；人分五色爭榮辱——辱來反不。

●自娛自耗，傲笑以終；苟全性命山洞中——中難論情。

○知福惜福，才有幸福；結緣惜緣始情緣——緣得於共。

●力行善事，多積陰德；自造之福自享用——用在福壽。

○天隨人意，人合天心；天人合一通人天——天不負人。

●心病終須，心藥去醫；解鈴還是繫鈴人——人不鈴牽。

○茶亦醉人，何必非酒；花能傲雪況於松——松柏長青。

●塵世名利，過眼雲烟；絢爛巔峰轉藝術——術以傳永。

○隻身困寂，一無所有；孤燈夜寫獨創語——語當人賞。

●卿雲初展，寶島春回；一月早占三臺星——星拱皆姓。

○百祿僉仝，千福駢逢；神農愈疾后羿善──善射皆姓。

●堯舜規隨，禹啟紹襲；伯夷守忠操莽權──權奸皆姓。

○儒雅氣度，溫潤樸實；和藹風範待世物──物本仁心。

●御本仇義，可以怒士；士以義怒與百戰──戰為國死。

○一三五七，寶島馳書；八九百千福祿月──月圓須臾。

●七海塵息，五采霓紅；八表咸寧九重開──開闔皆姓。

○豪買貴賣，納稅完銀；臨軒典策英賢秀──秀才皆姓。

●朝儀端肅，素服玄冠；藩司群牧官位崇──崇隆皆姓。

○揭帖移會，書既馳具；尊閑令正無獨有──有偶皆姓。

●頓首上拜，伏乞慈鑒；淮河水漫誰尸其──其咎皆姓。

○把弓縱弦，粘羽飛鴻；零本散簡須臾清──清通皆姓。

●四時運轉，花開花謝；月盈月虧人物變──變化無窮。

○處世不可，太過分明；賢愚奸醜包容得——得可處世。

●人生舞臺，有演亮麗；此扮齬齟悲喜劇——劇情難一。

○新年添喜，介爾眉壽；斗酒斤雞聊且將——將意皆姓。

●問君籍貫，鄂西豫東；敦睦人倫折旋從——從容皆姓。

○竹堅節直，松茂蘭叢；吾愛奇姓宛如麟——麟鳳皆姓。

●持身不可，太過皎潔；污辱垢移茹納得——得可立身。

○活體解剖，抗曰份子；特別移送七三一——一入死慘。

●家庭演員，老幼配角；兩腳一伸扮獨角——角色遺忘。

○竹林籬牆，居相對奕；豈在較技在聯誼——誼結情睦。

●浴室無光，仰躺水盆；背湯汗出寒氣無——無限爽快。

○獨坐幽巢，彈琴長嘯；林深明月自相憶——憶往情深。

●只知勤勞，不明儉省；左手撿來右手拋——拋去自苦。

○莫問塵俗，人世生計；山中野果採充飢——飢不食物。

●酸甜苦辣，須當嚐夠；始知人生塵世情——情得自賞。

○仰觀山色，眼望雲海；獨踏溪邊憶往昔——昔年回味。

●山中柴扉，雲深巔高；澗水鳥鳴處仙境——境非凡地。

○寒夜客來，以茶當酒；吃苦嚥甜舌根香——香味永留。

●亂雲堆裏，去結茅盧；拋却紅塵入山居——居無人擾。

○勤儉節用，家必富有；無錢求人像吞劍——劍須利人。

●勝利直登，衡嶽頂峰；男子當立賀蘭山——山高險雄。

○秋月敲詩，饒拯逸興；華國文章育群英——英雄著墨。

●柏翠蒼松，中天立柱；榕老根深固盤石——石景盆栽。

○建國翰墨，安定天下；年豐富足樂長春——春日苦短。

●長風萬里，銘勳業功；順應眾意展經綸——綸國宏邦。

○勝利光復，功收台灣；邦家興盛中華雄——雄為蔣公。

●八面威風，千秋大業；野渡終收百戰功——功在民族。

○源頭活水，滋潤春樹；朗月胸懷德為鄰——鄰人和睦。

●慶月祥雲，開現景運；豐足長年世同春——春暖花開。

○天生當代，降下龍子；佑庇大漢起鳳才——才拯萬民。

●永日中天，春風和暖；金玉其心秋水長——長虹懸空。

○了解中國，真正苦難；以為拯救大方針——針對蒼生。

●澤惠蒼生，功在國家；元光漢唐振天聲——聲聞百里。

○疏通溝渠，漁舟活躍；露濕繁花醉帽斜——斜陽夕照。

●覷破興衰，歷史究竟；諒解得失皆冰消——消仇化怨。

○壯志飢餐，淡飯果腹；笑談渴飲濃味茶——茶種美味。

●一庭異花，雨露月潤；豐塌詩書忍平生——生不俗苦。

○清風雅意，堪證靈性；白雲青山可忘機——機得悟明。

●家有富貴，名花自開；人間幸福顧自己——己創一切。

○恍然大悟，浪漫情懷；原非個人私情意——意想天開。

●閱盡人間，寂寞繁華；豪傑心腸熱冷情——情本拯世。

○使節餘興，鴻章無奈；說唱自選花鼓歌——歌清國歌。

●明心澤沛，千山雨落；養氣胸藏萬丈虹——虹光耀空。

○縱橫古今，世謂神龍；馳騁天下不是人——人猜何物。

●悠游歲月，誠如春夢；幽巢高節最醉人——人不為迷。

○落落情緣，那堪見老；空空妙相皆平等——等人無等。

●魚游水面，分開綠絨；蜂入花心點破紅——紅色掩映。

○笋因落籜，方可成竹；魚為奔波始化龍——龍生於海。

●桃花映水，柳絮隨風；麥根翻風荷貼水——水中白蓮。

○雪逞風威，占無幾日；雲隨雨勢黑難久——久因連陰。

●雷轟電掣，風雨將來；日墜月升天不動——動為星斗。

○假穴石上，栽植真樹；死水池中養活魚——魚游心靈。

●鼠無大小，人皆稱老；貓有雌雄總謂兒——兒難變老。

○繡成花草，指不春光；畫出雲烟筆端景——景由心印。

●浮萍蓋水，芳草連空；燕入桃花鶯穿柳——柳蔭深處。

○晚霞映水，漁歌爭唱；朔風飄空農人樂——樂在耕忙。

●雪地鴨行，紙塗數點；霞天雁過錦錢掃——掃影無痕。

○晚浴玉河，搖天星斗；早朝金殿扶乾坤——坤天拯世。

●萬壑傾奔，柱砥中流；眾星寥落午夜長——長夜凜寒。

無見解　誠實不欺
人類之德
有見解　心毒行詐
人類之惡

國家圖書館出版品預行編目

人生智庫塵海微語 / 韓振方著. -- 一版.
臺北市 : 秀威資訊科技, 2006[民 95]
面 ; 公分. -- 第五六冊合訂本
ISBN 978-986-7080-15-8（平裝）
1. 修身

192.1 95001632

哲學宗教類 PA0013

人生智庫塵海微語第五六冊合訂本

作　　者 / 韓振方
發 行 人 / 宋政坤
執行編輯 / 李坤城
圖文排版 / 莊芯媚
封面設計 / 莊芯媚
數位轉譯 / 徐真玉　沈裕閔
銷售發行 / 林怡君
網路服務 / 徐國晉
出版印製 / 秀威資訊科技股份有限公司
台北市內湖區瑞光路 583 巷 25 號 1 樓
電話：02-2657-9211　傳真：02-2657-9106
E-mail：service@showwe.com.tw
經 銷 商 / 紅螞蟻圖書有限公司
台北市內湖區舊宗路二段 121 巷 28、32 號 4 樓
電話：02-2795-3656　傳真：02-2795-4100
http://www.e-redant.com

2006 年 7 月 BOD 再刷
定價：500 元

讀　者　回　函　卡

感謝您購買本書，為提升服務品質，煩請填寫以下問卷，收到您的寶貴意見後，我們會仔細收藏記錄並回贈紀念品，謝謝！

1.您購買的書名：______________________________

2.您從何得知本書的消息？

□網路書店　□部落格　□資料庫搜尋　□書訊　□電子報　□書店

□平面媒體　□ 朋友推薦　□網站推薦　□其他__________

3.您對本書的評價：(請填代號　1.非常滿意 2.滿意 3.尚可 4.再改進)

封面設計____　版面編排____　內容____　文/譯筆____　價格____

4.讀完書後您覺得：

□很有收獲　□有收獲　□收獲不多　□沒收獲

5.您會推薦本書給朋友嗎？

□會　□不會，為什麼？______________________________________

6.其他寶貴的意見：____

____

____

____

讀者基本資料

姓名：____________________　年齡：______　性別：□女　□男

聯絡電話：________________　E-mail：____________________

地址：____

學歷：□高中(含)以下　□高中　□專科學校　□大學

□研究所(含)以上　□其他______________

職業：□製造業　□金融業　□資訊業　□軍警　□傳播業　□自由業

□服務業　□公務員　□教職　□學生　□其他__________

請貼
郵票

To：114

台北市內湖區瑞光路 583 巷 25 號 1 樓

秀威資訊科技股份有限公司　　　收

寄件人姓名：

寄件人地址：□□□

(請沿線對摺寄回,謝謝!)

秀威與 BOD

BOD（Books On Demand）是數位出版的大趨勢，秀威資訊率先運用 POD 數位印刷設備來生產書籍，並提供作者全程數位出版服務，致使書籍產銷零庫存，知識傳承不絕版，目前已開闢以下書系：

一、BOD 學術著作—專業論述的閱讀延伸
二、BOD 個人著作—分享生命的心路歷程
三、BOD 旅遊著作—個人深度旅遊文學創作
四、BOD 大陸學者—大陸專業學者學術出版
五、POD 獨家經銷—數位產製的代發行書籍

BOD 秀威網路書店：www.showwe.com.tw
政府出版品網路書店：www.*gov*books.com.tw

永不絕版的故事・自己寫・永不休止的音符・自己唱